Dieter Seibert

Bergwanderungen im Allgäu

Band 1

Oberallgäu und Kleinwalsertal

Auswahlführer
für die Gebiete von Kempten bis Oberstdorf,
von Wertach bis Oberstaufen

Mit 53 Farbfotos und
50 Wanderkärtchen im Maßstab 1 : 50 000

BERGVERLAG RUDOLF ROTHER GMBH · MÜNCHEN

Umschlagbild:
Rappensee, hinten Geißhorn und Widderstein
Foto: Dieter Seibert

Alle Fotos vom Autor

Kartographie:
Wanderkärtchen im Maßstab 1 : 50 000
W. Mayr, Innsbruck

Die Ausarbeitung aller in diesem Führer beschriebenen Anstiege und Routen erfolgte nach bestem Wissen und Gewissen des Autors. Die Benützung dieses Führers geschieht auf eigenes Risiko. – Soweit gesetzlich zulässig, wird eine Haftung für etwaige Unfälle und Schäden jeder Art aus keinem Rechtsgrund übernommen.

2. Auflage 1992

ISBN 3 7633-4097-1

Gesamtherstellung Rother Druck GmbH, München
(2312/2915)

Vorwort

Die Neuauflage dieses Wanderführers nach so kurzer Zeit hat ihren guten Grund: Es handelt sich nicht um eine x-beliebige Auswahl von Ausflügen; nein, hier wurden mit viel Liebe die Leckerbissen aus der so reichen Palette an Allgäu-Wanderungen zusammengetragen. Jede Tour soll Spaß machen und für ein Maximum an Abwechslung und Spannung sorgen! Um die Wahl der richtigen Route zusätzlich zu erleichtern, erscheinen bei der Neuauflage die Tourennummern – nach den Schwierigkeiten gestaffelt – in verschiedenen Farben.

Unter Allgäu versteht man das gesamte Land vom Bodensee bis zum Füssener Raum. Ein Gebietsfremder wird bei diesem Wort vor allem an das Gebiet der Iller und den berühmten Ferienort Oberstdorf denken; seit der Gebietsreform trägt die Landschaft die politische Bezeichnung Oberallgäu. Das entspricht auch in etwa dem Bereich dieses Führers.

Das sehr weite, wiesenreiche Land scheint extra für Wanderer und Bergfreunde geschaffen. Neben dem Fremdenverkehr ist hier die Milchwirtschaft — Allgäuer Käse! — die wichtigste Erwerbsquelle. Das führte zu den vielen Wiesen und Weideflächen und zum Zurückdrängen der Wälder auf ein Mindestmaß. Das für den Wanderer so Reizvolle an dieser Landschaft, die zahlreichen freien und sonnigen Flächen, verdankt er also gewissermaßen dem Rindvieh. Doch das Großartige bekommt das Allgäu erst durch die allgegenwärtige Kulisse gewaltiger Felsberge. Über die sanften Voralpengipfel schauen mächtig und hoch die hellgrauen Kalkzinnen, wie der Hochvogel, die Trettachspitze, die Mädelegabel, der Widderstein...

Die Iller mit ihren Neben- und Quellflüssen ist der zentrale Nerv des Gebietes. Die Großzahl unserer Touren liegt in ihrem Bereich. Weite Teile wurden mit Straßen und Bahnen sehr gut erschlossen, so daß man viele besonders günstige und hochgelegene Ausgangspunkte für seine Touren nützen kann. Ganz bewußt sperrte man jedoch die inneren Gebirgsbereiche für den öffentlichen Verkehr, das obere Ostrachtal, das Oytal, das Gebiet von Spielmannsau und jenes von Einödsbach. Die Ausflügler freuen sich über diese — relative — Ruhe, allerdings wird damit mancher Zugang, etwa zu den Hütten des Heilbronner Wegs, umständlich und weit. Deshalb gibt es hier mehr radfahrende Bergsteiger als anderswo, man kann aber auch einen Stellwagen, also eine Pferdekutsche, benützen.

Das Kleinwalsertal gehört politisch zu Vorarlberg/Österreich, ist aber deutsches Zollgebiet. Man merkt es unterwegs kaum, daß man zwischen Oberstdorf und Rietzlern eine Landesgrenze überschreitet (trotzdem sollte man den Ausweis nicht vergessen).

Trauchgau, im Frühjahr 1992 Dieter Seibert

Inhaltsverzeichnis

Touristische Hinweise

Zum Gebrauch des Führers

Alle fünfzig Touren wurden nach dem gleichen Schema abgefaßt. Der Aufbau ist so einfach und klar, daß man ihn nicht zu erläutern braucht. Der kurze Einführungstext soll bei der Wahl des richtigen Ausflugs helfen, da Touren von sehr unterschiedlichem Charakter angeboten werden.

Orientierung

Die Wegbeschreibungen, ergänzt durch die Kärtchen, sind so genau, daß der Aufmerksame sich damit zurechtfinden kann. Er braucht also keine zusätzlichen Wanderkarten zu kaufen. Für den besseren Überblick kann die Freytag & Berndt-Wanderkarte 363 „Oberstdorf – Kleines Walsertal – Sonthofen" (Maßstab 1 : 50 000) empfohlen werden.

Anforderungen

Die meisten Wanderungen verlaufen auf gut instandgehaltenen und markierten Steigen und Wegen. Dies sollte jedoch nicht darüber hinwegtäuschen, daß manche Stellen Trittsicherheit und Schwindelfreiheit erfordern. Außerdem ist zu beachten, daß die Touren im Frühsommer und nach längeren Schlechtwetterperioden erhöhte Schwierigkeiten aufweisen können. Um die jeweiligen Anforderungen besser einschätzen zu können, wurden die Nummern der Tourenvorschläge mit verschiedenen Farben markiert. Die Farben erklären sich wie folgt:

BLAU

Hierbei handelt es sich um ausreichend breite, mäßig steile, gut und lückenlos markierte Wege, die sich überwiegend in Tallagen und Almregionen unterhalb 1800 Meter bewegen. Sie sind auch bei unsicherem Wetter relativ gefahrlos zu begehen und damit auch bestens für Familien mit Kindern oder für Senioren geeignet. Die Gesamtgehzeit beträgt höchstens 4 Stunden.

ROT

Diese Wege sind ebenfalls ausreichend markiert, teilweise aber bereits schmal und recht steil angelegt; sie bewegen sich meist in Höhenlagen unter 2500 Meter und sollten nur von erfahrenen, mit entsprechender Ausrüstung ausgestatteten Wanderern angegangen werden. Rote Tourenvorschläge bieten tagesfüllende Unternehmungen.

SCHWARZ

Auch diese Steige sind ausreichend markiert, überwiegend aber schmal und über weite Abschnitte steil angelegt. Sie können sich bereits in hochalpinen Lagen über 2500 Meter bewegen. Stellenweise können sie sehr ausgesetzt sein, manchmal wird die Zuhilfenahme der Hände notwendig. Dies bedeutet, daß diese Steige nur von absolut trittsicheren, konditionsstarken, alpin erfahrenen und entsprechend ausgerüsteten Wanderern begangen werden sollten. Die Gesamtgehzeit kann auch über 7 Stunden betragen.

Ausrüstung

Bergwanderungen erfordern vor allem gute Schuhe mit wirklich rutschfesten Sohlen. Stiefel geben mehr Halt als Halbschuhe und Turnschuhe. Empfehlenswert sind Modelle mit einer Zwischenkeilsohle, die stoßdämpfend und damit gelenkschonend wirkt. Rasche Abkühlung, ja, regelrechte Temperaturstürze, vor allem aber der Wind machen das Mitnehmen warmer Kleidungsstücke wie Pullover, Anorak und evtl. auch von Handschuhen selbst im Sommer sinnvoll. Auch bei wenig Gepäck ist einzig ein Rucksack richtig und ideal; alle Hand- und Umhängetaschen werden nach kurzer Zeit ausgesprochen lästig.

Gefahren

Bei den hier vorgeschlagenen Touren bleiben die alpinen Gefahren gering. Es sollte trotzdem jeder über sie Bescheid wissen. Die größte Aufmerksamkeit muß man auf das Wetter und die Verhältnisse richten, dabei ist das Vorausplanen das Wichtigste. Der weniger Erfahrene wird es klugerweise vermeiden, in Nebel zu geraten. Es besteht die große Gefahr, daß man selbst einen guten Weg verliert, etwa auf den Matten einer Alpweide, und sich so verirrt. Lange vor dem Ausbrechen eines Gewitters wird man alle Grate und Hochflächen verlassen, um nicht vom Blitz getroffen zu werden. Bei feuchtem Wetter oder gar bei nassem Neuschnee verwandeln sich viele Wege — gerade im Bereich der Grasberge — in unangenehme Rutschbahnen. Selbst eine Allerweltstour wie das Riedbergerhorn kann dann unangenehm sein. Im Frühsommer sollte man sich vor Antritt der Tour erkundigen (etwa im Verkehrsbüro), ob keine Altschneefelder den Weg erschweren oder gar gefährlich machen.

Empfehlung

Jeder Bergwanderer sollte über die grundlegenden Kenntnisse der alpinen Gefahren und der entsprechenden Verhaltensweisen usw. verfügen. Wir empfehlen dazu das Studium der Lehrschrift „Bergwandern – Bergsteigen“, erschienen im Bergverlag Rudolf Rother, München.

Wissenswertes

Sehenswürdigkeiten

Im hier behandelten Gebiet fehlen weltberühmte Bauwerke, an denen das Allgäu sonst so reich ist; man denke etwa an die barocke Klosterkirche von Ottobeuren, an die Schlösser des Ostallgäus oder an das historische Stadtbild von Memmingen. Doch es gibt durchaus ein paar sehenswerte Kleinodien. Und wir ergänzen die Reihe durch einige echte Sehenswürdigkeiten in der Landschaft.

Kempten, 673 m. Zentrum des Allgäus mit immerhin 58000 Einwohnern. Neben der einstigen fürstbischöflichen Residenz von 1651—1674 die ehemalige Stiftskirche St. Lorenz, erste Barockkirche Süddeutschlands, erbaut nach Michael Beer und Johann Serro; lichter Innenraum mit reichem Schmuck. Rathaus von 1474.

Starzlachklamm. Reizvolle Schlucht mit Wasserfall und mächtigen Felsblöcken; gute, bei Nässe jedoch schmutzige Steiganlage, Gebühr, Gasthaus. Wegbeginn 2 km nördlich von Sonthofen im Dörfchen Winkel.

Hindelang, Bad Oberdorf, 819 m. In der Kirche von Bad Oberdorf der berühmte Hindelanger Altar von Jörg Lederer, spätgotischer Schnitzaltar von 1515—1519. Seitenkapelle mit Marientafel von Holbein dem Älteren.

Maria Rain, 890 m. Wallfahrtskirche 4 km östlich von Oy im Alpenvorland mit schönem Rokokoaltar und spätgotischen Figuren.

Oberstdorf, 813 m. Sechseckige Lorettokapelle von 1657 mit schönem Stuck und wertvollem Hochaltar in den Wiesen etwas südlich des Ortes.

Breitachklamm. Durchbruch der aus dem Kleinwalsertal kommenden Breitach durch den harten Schrattenkalkfelsriegel, eine der eindrucksvollsten Klammen der Alpen mit senkrechten, muschelförmig ausgewaschenen Wänden. Bequeme Steiganlage, die schon 1905 errichtet wurde, etwas feucht, Gebühr. Zufahrt von Oberstdorf über Tiefenbach, großer Parkplatz.

Sturmannshöhle, 930 m. Kleine, für den Besucher erschlossene Höhle, die ihre besondere Note durch einen Höhlenbach bekommt. Zugang in 15 Min. vom Hirschsprung an der Straße Obermaiselstein—Tiefenbach.

Zell, 805 m. 2,5 km nördlich von Oberstaufen, Kapelle aus dem 14. und 15. Jahrhundert mit interessanten, mittelalterlichen Wandmalereien von 1440, Schreinaltar von 1442.

Genhofen, 820 m. Ebenfalls nördlich von Oberstaufen, 3 km entfernt, Ka-

Bei Oberstdorf, über dem Oytal die Wildengruppe.

pelle aus der Spätgotik in auffallender Lage, bemerkenswerte Ausmalung in bäuerlicher Ornamentik, Hochaltar von 1523.

Eistobel. Schlucht der Unteren Argen; Näheres siehe Tour 48.

Ausflugsziele

Hier folgen eine Aufstellung und kurze Beschreibungen der schönsten Ausflugsziele, die man mit dem Auto oder der Bergbahn, bei Spaziergängen oder kurzen Anstiegen erreichen kann. Es handelt sich dabei um Aussichtspunkte, die einen informativen Überblick erlauben oder die großen Berge besonders eindrucksvoll zeigen. Oft stehen Berggasthäuser an diesen Aussichtsplätzen, so daß man den Rundblick in aller Gemütlichkeit bei einer Tasse Kaffee oder einem Bier genießen kann.

Ghs. Alpenblick, 980 m. Berggaststätte am Fuß des Grünten mit freiem Blick nach Süden. Zufahrt von Burgberg bei Sonthofen auf steiler Bergstraße.

Berggasthof Elleg-Höhe, 1100 m. Weiter Blick über das Becken von Wertach auf die östlichen Allgäuer Alpen. Gute Zufahrtsstraße aus der Ortsmitte von Wertach.

Nebelhorn, 2224 m. Aussichtsberg hoch über Oberstdorf, der seinen berühmten Namen in erster Linie der gleichnamigen, inzwischen bald sechzig Jahre alten Seilbahn verdankt. Von deren Bergstation in 1929 m Höhe zweiteiliger Sessellift bis auf den Gipfel, Restaurant mit Sonnenterrasse. Blick auf weite Teile der Allgäuer Alpen.

Ghs. Schönblick und Berghaus Söller, 1390 m. Von Oberstdorf mit dem Auto gut 3 km Richtung Kleinwalsertal und mit der Söllereck-Bahn (Doppelsessellift) zur Bergstation, dann zum nahen Berghaus. Freier Blick ins Oberstdorfer Becken und auf seine Berge.

Fellhorn, 2038 m. Zufahrt mit der großen Seilbahn, Bergstation in 1980 m Höhe, Restaurant mit sehr schönem Blick. In wenigen Min. auf bequemem Weg zum Gipfel.

Bergstation der Nebelhornbahn, darüber die Wengenköpfe.

Kanzelwandbahn, 1949 m. Die größte Bahnanlage des Kleinwalsertals (Talstation in Riezlern) endet auf dem Gundkopf, 1949 m (der bereits einen sehr schönen Ausblick bietet), und nicht auf der Kanzelwand, 2058 m; dorthin zu Fuß in 25 Min., siehe Tour 28.

Walmendingerhorn, 1990 m. Die zweite große Seilbahn des Kleinwalsertals endet in 1930 m Höhe, Restaurant. In 15 Min. zu Fuß auf den Gipfel, großartiger Rundblick.

Auf dem Hohen Ifen; Nebelmeer über dem Kleinwalsertal.

Ifenhütte, 1592 m. An der Bergstation des Ifen-Sesselliftes gelegenes Gasthaus mit schönem Blick, vor allem nach Osten. Autozufahrt von Riezlern zur Auenhütte, dann Lift.

Ghs. Jägersberg, 890 m. Gaststätte auf halber Höhe zwischen Langenwang und Ochsenberg mit besonders schönem Blick auf Oberstdorf und die großen Berge dahinter. Kleine, steile Zufahrt von der B 19 bei Hof (zwischen Langenwang und Oberstdorf).

Allgäuer Berghof, 1165 m. Hotel in Aussichtslage zwischen Sonthofen und Gunzesrieder Tal. Mautstraße von Gunzesried.

Mittagberg, 1451 m. Letzter Gratkopf der Nagelfluhkette hoch über Immenstadt und Sonthofen. Sesselbahn bis knapp unter den Gipfel, Berggaststätte.

Hochgrat, 1834 m. Höchster Gipfel der Nagelfluhkette mit besonders weitreichender Aussicht (z.B. auf den Säntis). Kabinenseilbahn aus dem Weißachtal bei Oberstaufen / Steibis bis in 1700 m Höhe, Gaststätte. Von dort in 20 Min. auf den Gipfel.

Ghs. Alpenblick, 910 m. Freier Blick auf den Niedersonthofner See und die lange Alpenkette. Zufahrt von Niedersonthofen über Stoffels. Siehe auch Tour 50.

Freibademöglichkeiten

Was kann es nach einer schweißtreibenden Bergtour Schöneres geben, als Müdigkeit und Schmutz im klaren Wasser eines Bergsees oder im weniger klaren eines Moorsees abzuwaschen.

Grüntensee, 876 m. Stausee bei Wertach und Oy mit meist unberührten Ufern. Bademöglichkeiten bei Haslach und unter dem Ghs. Grüntensee am Südostufer in der Nähe der Straße Nesselwang — Wertach.

Schwarzenberger Weiher, 865 m. Seelein zwischen Wiesen am Alpenrand mit sich rasch erwärmendem Moorwasser. 2 km nördlich von Oy; Freibademöglichkeit am Westende des Weihers.

Moorbad, 880 m. Badeanstalt an einem moorhaltigen Weiher gut 1 km südlich von Oberstdorf.

Freibergsee, 928 m. Schöner, im Wald versteckter See von fast runder Form, etwa 100 m über der Stillach gelegen, mit immerhin gut 500 m Durchmesser. Zugang vom Parkplatz am Renksteg (Straße Oberstdorf — Birgsautal) in 20 Min., Badeanstalt, Gasthaus.

Kleiner Alpsee (Vordersee), 730 m. Im feuchten Talboden zwischen Immenstadt und Bühl gelegenes Seelein mit Städtischem Freibad (Badeanstalt).

Alpsee, 724 m, 3,4 km Länge, 2,5 qkm Fläche, 26 m Tiefe. Größter See des zentralen Allgäus in einem sanften Tal westlich von Immenstadt gelegen. Langer Freibadestrand am Südufer, eine Badeanstalt (Hauser-Strandbad) nördlich von Bühl.

Niedersonthofner See, 703 m. Malerischer Wiesensee im Hügelgebiet des Alpenvorlandes. Bademöglichkeiten am Westufer bei Niedersonthofen, am Südostzipfel beim Seehof und gegenüber bei der „Insel“.

Morgen am Alpsee bei Immenstadt.

1 Grünten, 1738 m

Wächter über dem Illertal

Ghs. Alpenblick — Kehralpe — Zweifelgehrenalpe — Grünten (Übelhorn) — Wustbachtobel — Alpenblick

Talort: Burgberg, 752 m, ruhiger, an die Hänge des Grünten geschmiegter Ort, 2,5 km nördlich von Sonthofen.
Ausgangspunkt: Steile, aber geteerte Bergstraße von Burgberg bis vor das Berggasthaus Alpenblick, 980 m.
Parkmöglichkeit: Parkplatz beim Ghs.
Gehzeiten: 2 Std. Aufstieg, gesamte Rundtour etwa 3½ Std.
Anforderungen: Stark begangene Bergwege in teilweise jedoch recht steilem Gelände; im Frühjahr rasch schneefrei.
Höchster Punkt: Grünten, 1738 m.
Einkehrmöglichkeit: Grüntenhaus, 1535 m, südlich des Senders in einer Hochmulde.

Der Grünten bildet ein vollkommen alleinstehendes Massiv, das zudem weit gegen die Iller vorspringt. So wird er zu einem der markantesten und auffallendsten Berge überhaupt, zusätzlich macht ihn ein Fernsehsender

Blick von Norden auf den Grünten.

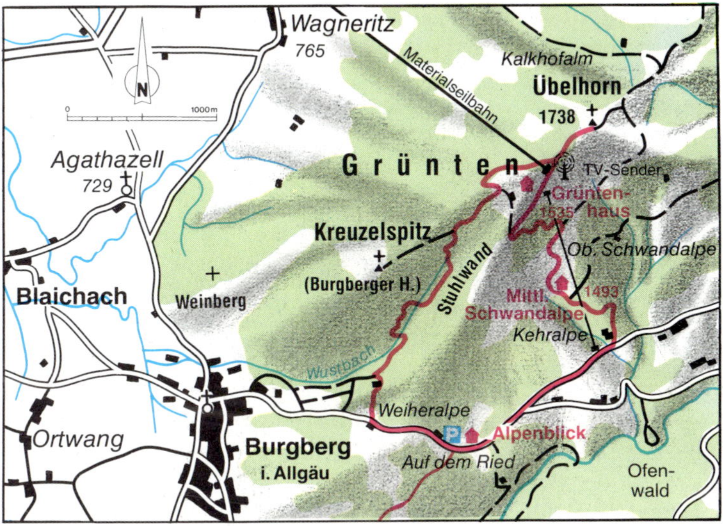

unverwechselbar. Die freie Lage schenkt natürlich auch eine entsprechend großartige Aussicht, zu der ebenso die Allgäuer Berge wie das Alpenvorland und zum Beispiel Kempten gehören. So lockte dieser Berg schon immer Menschen in großer Zahl an. Während inzwischen die Nordwestseite ganz von Skiliften überzogen ist, blieben die steilen Südosthänge von Erschließungen verschont und bieten so den reizvollsten und zudem sehr aussichtsreichen Anstieg.

Der Südostanstieg: Vom Gasthaus weiter auf der Almstraße mäßig steigend durch Wald und über freie Flächen — bei der Verzweigung links — bis zur Kehralpe. Nun links ab und in dem teilweise recht steilen Gelände in Serpentinen hinauf zur Mittleren Schwandalpe und weiter zur Zweifelgehrenalpe. Von dort durch Wald schräg nach Westen empor auf den ausgeprägten Grat nördlich der Stuhlwand. Längs der Schneide zu den Sendegebäuden, an ihnen links vorbei und dann über den letzten Gratrücken hinauf zum Gipfel mit dem Denkmal.

Abstieg: Vom Sender über den rechten Grat hinab, dann nach links zum Grüntenhaus. Auf dem breiten Steig über Wiesenmulden und durch Wald in den scharfen Einschnitt des Wustbaches. Erst rechts, später links des Grabens (bei der Verzweigung links) zur Straße hinab. Auf ihr zurück zum Ghs.

2 Falkenstein, 1116 m

Auf dem Rottachberg

Rettenberg — Gratweg — Falkenstein — Waldweg — Rettenberg

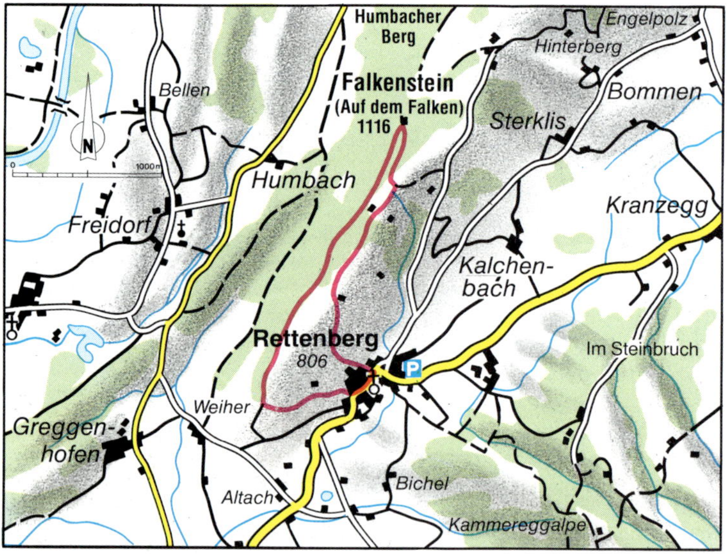

Talort: Rettenberg, 806 m, Ferienort in schöner Sonnenlage auf einer Stufe über dem Illertal und am Fuß des Grünten.
Ausgangspunkt: In der Ortsmitte von Rettenberg.
Parkmöglichkeit: Kleiner Parkplatz an der Straße Richtung Kranzegg.
Gehzeit: Gut 1 Std. Aufstieg.

Anforderungen: Teilweise nur kleine, doch völlig problemlose Steige in einer ungefährlichen Voralpenlandschaft.
Höchster Punkt: Falkenstein, 1116 m.
Einkehrmöglichkeiten: Ghs. in Rettenberg.
Sehenswertes: Senkrechte Nagelfluhfelsen.

Rottachberg heißt jener kilometerlange Rücken zwischen Grünten und Iller, der zwei fast gegensätzliche Seiten zeigt. Von Osten ziehen die Hänge sanft bis zum Kamm empor, Wälder wechseln mit weiten, freien Flächen. Nach Westen hingegen stürzt das Gelände 300 m äußerst steil ab; ja, beim Falkenstein gibt es eine senkrechte, teilweise sogar überhängende Wand. Das Konglomerat, hier Nagelfluh genannt, ist der Baumeister. Dieses Gestein sorgt im oberen Teil für eine unerwartet reizvolle Landschaft voller Abwechslung mit kleinen Tälchen, herrlichen Wiesenmulden und einigen Felsstreifen. Man kann auch den gesamten Rottachberg nach Norden bis zur Ruine Vorderburg überschreiten und dann nach Großdorf/Vorderburg absteigen.

Der Gratweg: In Rettenberg auf der Durchgangsstraße bis zur Post, dort rechts, dann auf dem Weg „Auf der Halde“ zum oberen Ortsrand. Jetzt ziemlich gerade über die nur mäßig steigenden Wiesen ein gutes Stück aufwärts zum Kamm. Kurz durch Wald, dann durch kleine Mulden und über Rippen im Gelände auf eine ausgeprägte Schneide. Drüben kurz hinab in ein Tälchen und knapp rechts des Grates zum höchsten Punkt, dem Falkenstein (in den Karten auch „Auf dem Falken“ genannt), einer nach Westen senkrecht abfallenden Aussichtskanzel.

Der Waldweg: Abzweigung in der ersten Mulde unterhalb des Falkensteins. Der Weg führt parallel zum Kamm in den teilweise recht steilen, meist mit Wald bedeckten Westhängen schräg abwärts. Erst kurz über dem Tal beim Dörfchen Weiher nach links auf den Grat und etwa waagrecht durch die Wiesen zurück nach Rettenberg.

Bei Kranzegg: das Dorf Vorderburg am Rottachberg.

3 Hindelanger Hirschberg, 1503 m

Besonders eindrucksvoller Tobelweg

Hindelang — Hirschbachtobel — Wasserfall — Kräherwand — Hirschberg — Hirschbergkreuz — Steinköpfle — Hindelang

Der Hirschberg steil über Hindelang.

Talort: Hindelang, 825 m, stattlicher Markt am Sonnenhang oberhalb der Ostrach, beliebter Ferien- und Kurort, schöne Bergkulisse.
Ausgangspunkt: Wegbeginn im Osten des Ortes, wo die Joch- und die Alpenstraße zusammentreffen.
Parkmöglichkeit: Verschiedene Möglichkeiten im Ortsbereich.
Gehzeit: Hindelang — Hirschberg 2 Std.
Anforderungen: Recht gut angelegte Steige, wegen des sehr steilen Geländes jedoch Geschicklichkeit notwendig.
Höchster Punkt: Hirschberg, 1503 m.
Einkehrmöglichkeiten: Nur im Bereich von Hindelang.
Sehenswertes: Gotischer Schnitzaltar von Jörg Lederer in der Kirche von Bad Oberdorf; interessante Felsschlucht mit Wasserfall.

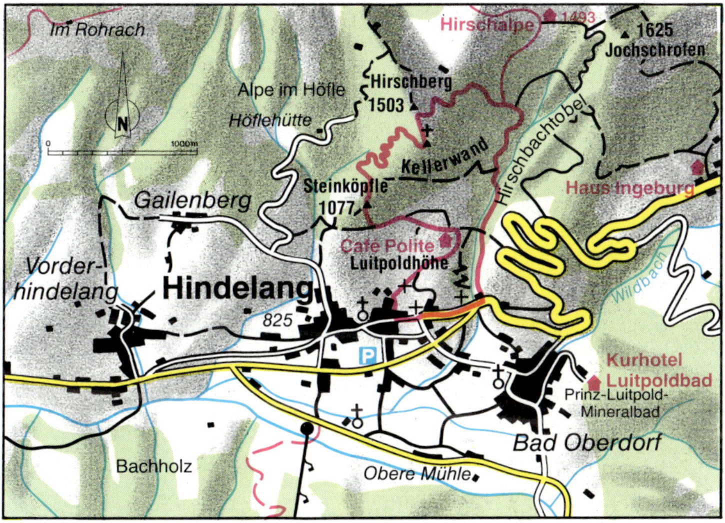

Die Route durch den Hirschbachtobel gehört zu den interessantesten Bergwegen im Voralpenbereich. Der gut angelegte Steig führt neben vielen kleinen Felsstufen rasch bergauf zum großen Wasserfall. Oberhalb der Steilstufe, die ein sicheres Gehen erfordert, folgt als Kontrast eine richtig idyllische Landschaft; es ist jedoch sehr schade, daß die oberen Hänge des Hirschbergs allmählich zuwachsen. Das große Kreuz steht nicht auf dem höchsten Punkt, sondern auf einer nach Süden vorspringenden Nase mit wunderbaren Tief- und Fernblicken.

Aufstieg duch den Hirschbachtobel: Abzweigung des Fußweges von der Jochstraße unmittelbar vor der Hirschbachbrücke. Kurzzeitig über die Wiesen, dann immer in dem scharf eingeschnittenen Tobel mehrmals die Talseite wechselnd. Über die kleinen felsigen Stellen helfen gute Sicherungen. Unterhalb des Wasserfalls ändert sich der Landschaftscharakter; jetzt beherrscht Steilgras das Bild. Rechts über den jähen Hang empor zum flachen Gelände oberhalb. Durch Wald nach links zu einem hübschen, gewundenen Bach. Über freie Stellen und durch Schonungen zum Hirschbergkreuz. Der eigentliche Gipfel liegt wenige Min. oberhalb.

Direkter Abstieg: Auf kleinem, aber gutem Steig in meist langgezogenen Kehren, oft in dichtem Hochwald, nach Südwesten hinunter zum Steinköpfle. Nach links zum Café Polite und hinab in den Ort.

4 Spieser und Jochschrofen

Beliebte Voralpengipfel bei Oberjoch

Oberjoch — Ifenblick — Hirschalpe — Spieser — Ornach — Jochschrofen — Oberjoch

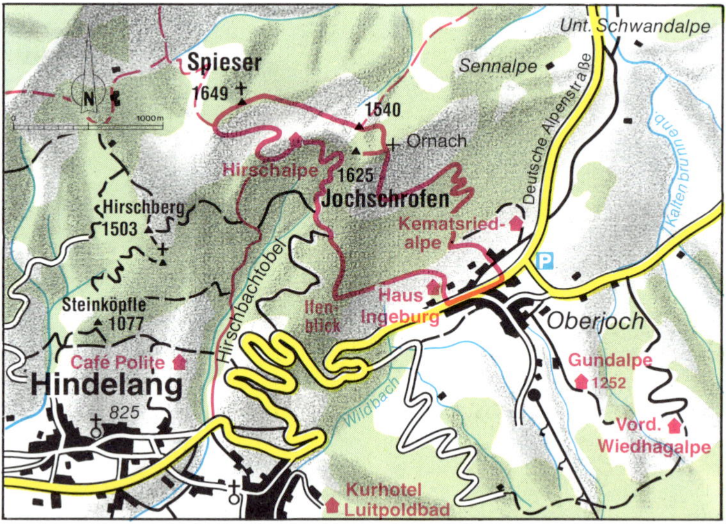

Talort: Oberjoch, 1136 m, Hotel- und Wintersportsiedlung im Bereich des gleichnamigen Jochs, Ortsteil von Hindelang. Gute Zufahrtsstraße von Norden, enge Serpentinenstraße von Westen.
Ausgangspunkt: Start zur Tour in der Ortsmitte.
Parkmöglichkeit: Großer Parkplatz an der Durchgangsstraße.
Gehzeiten: Oberjoch — Spieser 1½ Std., Übergang zum Jochschrofen 50 Min.
Anforderungen: Bis zur Hirschalpe bequeme Bergwege und eine Alpstraße, dann etwas kleinere Steige, bei Nässe rutschig; viel begangen.
Höchste Punkte: Spieser, 1649 m, Jochschrofen, 1625 m.
Einkehrmöglichkeit: Stüble auf der Hirschalpe.

Mit seinen 1136 m dürfte Oberjoch der höchstgelegene richtige Ort in Bayern sein. So wird die — recht beliebte — Tour zum Spieser zu einem raschen und mühelosen Ausflug. Aus der Jochlandschaft mit ihren begrenzten Ausblicken kommt man rasch in das freie Alpgelände hoch über dem Ostrachtal. Zu Füßen liegt dann Hindelang, und zum erstaunlich weiten

Panorama gehören auch Hochvogel, Widderstein, Hoher Ifen... Mit dem Übergang zum benachbarten Jochschrofen läßt sich die Wanderung zu einer sehr schönen Rundtour ausdehnen.

Über die Hirschalpe auf den Spieser: Am westlichen Ortsende hinauf zum Haus Ingeburg, hinter dem der Wanderweg beginnt. Quer durch die Hänge zum Aussichtspunkt Ifenblick hoch über Hindelang, ein Stück am Rande der Felsrippe aufwärts, dann Querung zur (häßlichen) Teerstraße. Auf ihr oder dem abkürzenden Fußweg zur Hirschalpe. Um einen Rücken mit Kreuz herum, dann weit hinüber zum Südwestgrat und steiler zwischen einzelnen Bäumchen zum Gipfelkreuz.

Übergang zum Jochschrofen und Abstieg: Über den kurzen Ostgrat in einen nahen Sattel, dann unter dem grasigen Hirschberg entlang in das tiefste Joch, 1540 m. Nach Norden noch wenige Min. hinab zum ersten kleinen Boden, dann rechts zwischen Blockwerk und Büschen wieder hinauf zum Kamm mit Kreuz (Ornach). Abstecher auf den Jochschrofen. Dann erst auf einem Steig über schöne Matten, später auf einer Forststraße im Hochwald ziemlich rasch und direkt zurück nach Oberjoch.

Auf dem Spieser, hinten der Allgäuer Hauptkamm (Biberkopf).

5 Iseler, 1876 m, Kühgundkopf, 1907 m

Die beiden felsigen Gipfel über dem Oberjoch

Oberjoch — Lift — Iseler — Kühgundkopf — Kühgundspitze — Vorderer Wiedhag

Talort: Oberjoch, 1136 m, Hotel-, Kur- und Wintersportsiedlung. Gute Zufahrtsstraße von Norden, enge Serpentinenstraße von Hindelang.
Ausgangspunkt: In Oberjoch auf dem schmalen Sträßchen nach Süden zur Talstation des Iselerliftes, 1220 m, oberhalb der Häuser.
Parkmöglichkeit: Kleiner Parkplatz am Lift.
Gehzeiten: Lift — Iseler 40 Min., Gratübergang zum Kühgundkopf 40 Min.
Anforderungen: Zum Iseler gut angelegter, aber steiniger Weg, beim Gratübergang Bergpfade, die etwas Trittsicherheit erfordern.
Höchste Punkte: Iseler, 1876 m, Kühgundkopf, 1907 m.
Einkehrmöglichkeiten: Ghs. an der Lift-Talstation, weitere Ghs. im Ort.

Mit Recht führt der Iseler einen bekannten Namen als Aussichtsberg. Die vorgeschobene Lage ermöglicht eindrucksvolle Tiefblicke, etwa auf Hindelang und Sonthofen, während im weiten Gipfelpanorama — wie so oft im Allgäu — der Hochvogel, 2592 m, dominiert. Doch nicht der Iseler, den jeder kennt, ist der Hauptgipfel des kurzen Kammes, sondern der benachbar-

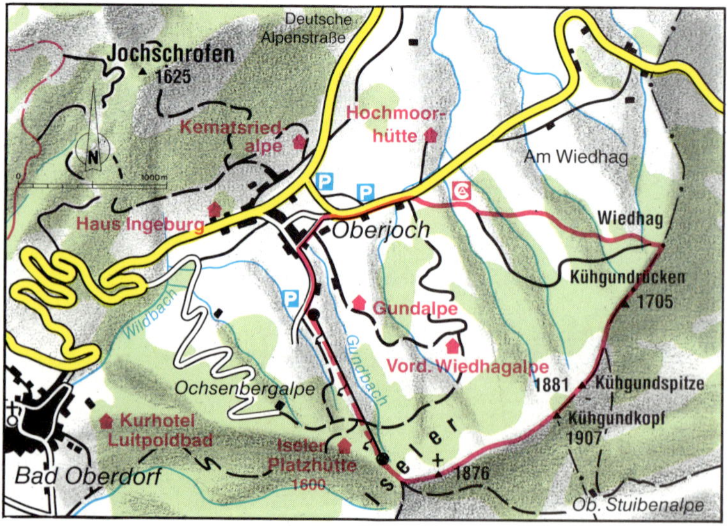

Iseler vom Verbindungsgrat zum Kühgundkopf.

te Kühgundkopf. Wer sich vor kleinen Wegen nicht fürchtet, überschreitet beide Gipfel. Nach Norden bricht der gemeinsame Grat mit einer hohen, zerborstenen Felsflanke ab; der Steig hält sich deshalb an die sanftere Südseite.

Auf den Iseler: Von der Bergstation des Lifts auf dem sehr viel begangenen Weg über den steilen Latschenhang empor zum Grat, wo sich ein weiter Blick öffnet. Nach links über den harmlosen Kamm zum Kreuz (Buch).

Überschreitung des Kühgundkopfs: Meist etwas rechts der Kante recht steil und steinig über schrofendurchsetztes Gras hinab in den ersten, tiefen Sattel. Auf, meist jedoch rechts neben dem nun wieder viel sanfteren Kamm auf den Kühgundkopf, 1907 m, Grenzgipfel. Über den Grasgrat weiter auf die Kühgundspitze, 1881 m. Dann steiler nach Norden hinab, anschließend durch die linke Latschenflanke zu den Weideflächen und über die meist freien Hänge am Wiedhag hinab ins Tal und nach links zurück nach Oberjoch.

6 Zinken (Sorgschrofen), 1620 m

Die Felsburg zwischen den Waldbergen

Unterjoch — Wasserfall — Steineberg — Zehrerhöfe — Felsenfenster — Zinken

Talort: Unterjoch, 1013 m, kleines Dorf abseits der Durchgangsstraße am Südfuß des Sorgschrofens.
Ausgangspunkt: In der Ortsmitte von Unterjoch.
Parkmöglichkeiten: Kleiner Parkplatz unterhalb der Kirche, großer Parkplatz vor dem Ort.
Gehzeit: Unterjoch — Zinken 2 Std.
Anforderungen: Steile Bergwege, bei Nässe rutschig, Felsaufbau etwas ausgesetzt, doch sehr gutes Drahtseil.
Höchster Punkt: Zinken, 1620 m.
Einkehrmöglichkeiten: Gasthäuser im Ort.
Sehenswertes: Malerische Felstürme, zwei große Felsenfenster, durch das eine führt der Weg.

In den Voralpen stehen zwischen den oft behäbigen Bergen immer wieder malerische Felsgestalten, die natürlich gerade in dieser Umgebung besonders ins Auge fallen. Zu diesen Ausnahmegipfeln gehört der Sorgschrofen, eine etwa 500 m lange Zackenkrone aus Hauptdolomit, die das Tal zwischen Jungholz und Unterjoch beherrscht. Auf den beiden Enden des Gipfelgrates steht je ein Kreuz, zu denen zwei völlig unabhängige Steige hinaufführen. Einer beginnt in der Tiroler Enklave Jungholz, er beansprucht etwa 1½ Std., am Gipfelaufbau überwindet er auch steiles Gelände. Wir wählen jedoch die Route von Unterjoch zum etwas niedrigeren Südgipfel, Zinken genannt, der mit den Felsenfenstern eine besondere Attraktion bietet.

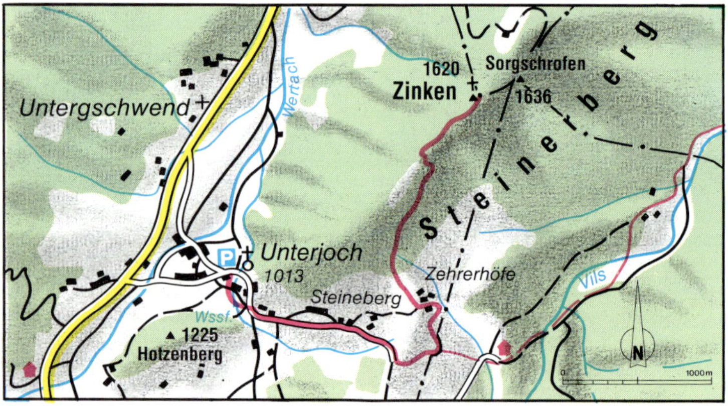

Gipfelkreuz auf dem Zinken, dem Südgipfel des Sorgschrofens.

Auf den Zinken: Am Bach entlang zu einem kleinen Wasserfall und über eine Ministufe zu den sonnig gelegenen Höfen von Steineberg. Auf einem Teersträßchen unter den Häusern entlang und noch ein gutes Stück nach Osten. Erst dann hinauf zu den Zehrerhöfen. Beim oberen Haus Beginn des Fußweges. Kurz über Wiesen zu einem Gatter, dann in meist steilem Wald rasch aufwärts zu einer großen Lichtung, über die man den Grat erreicht. Auf ihm und in der rechten Flanke an einigen malerischen Felszacken vorbei zum Gipfelaufbau. Über Schrofen in das große Fenster und jenseits mit Hilfe der Drahtseile zum Gipfelkreuz.

7 Reuter Wanne, 1541 m

Der Grasschopf über dem Tal der Wertach

Gasthaus Alpenhof — Untere Reuter-Wanne-Alpe — Reuter Wanne — Südwestrücken — Gasthaus Alpenhof

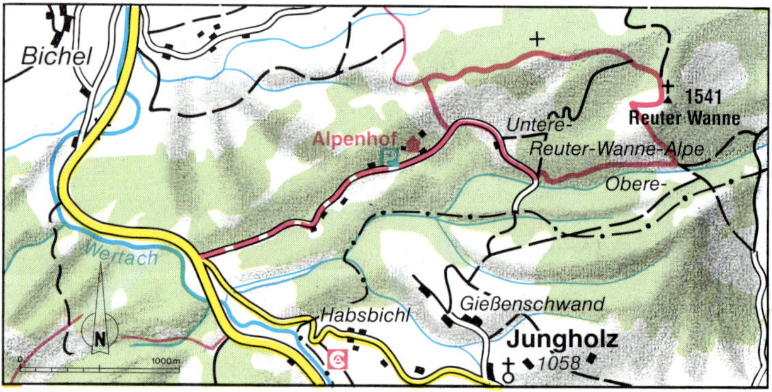

Talort: Wertach, 915 m, Ferienort im weiten, von waldreichen Kuppen umgebenen Tal der Wertach. Etwas nördlich der aufgestaute Grüntensee.
Ausgangspunkt: Ghs. Alpenhof, 1100 m. Mit dem Auto von Wertach Richtung Oberjoch bis hinter die erste Talenge, dort Abzweigung der Straße nach Jungholz und Beginn des Mautsträßchens zum Alpenhof, bis dorthin 2 km.
Parkmöglichkeit: Kleiner Parkplatz beim Ghs.
Gehzeiten: Alpenhof — Reuter Wanne 1½ Std.
Anforderungen: Bergwege ohne Probleme, Markierungen jedoch teilweise nur undeutlich.
Höchster Punkt: Reuter Wanne, 1541 m.
Einkehrmöglichkeit: Ghs. Alpenhof.

Der makellos grüne, leicht nach innen gewölbte Südhang macht die Reuter Wanne zu einem unverwechselbaren Berg. Vermutlich ist diese Bergbezeichnung nicht ganz richtig; als Wanne kann man eigentlich nur diese auffallende Steilmulde und nicht den Gipfel darüber bezeichnen, der exakter Wannenkopf lauten würde. Von nicht weniger als vier Ausgangspunkten — Jungholz, Ghs. Alpenhof, Vorderreute und Hinterreute — führen Steige auf den runden, nicht überlaufenen Berg mit seinem freien Blick nach Norden bis weit hinaus ins Alpenvorland. Da fällt es schwer, eine der etwa gleichwertigen Möglichkeiten herauszugreifen.

Vom Alpenhof auf die Reuter Wanne: Auf der Straße zur stattlichen Unteren Reuter-Wanne-Alpe. Weiter auf einem Fahrweg bis vor den Bach, dann auf einem sehr steilen, alten Ziehweg rasch durch den Hochwald zu den freien Hängen hinauf. Rechts bis vor den Kamm, kurz gerade über die Matten empor (gelbe Zeichen), bis man auf einen querlaufenden Steig trifft. Quer durch den ganzen Hang zum Grasgrat und über ihn zum Kreuz empor.

Abstieg über den Südwestrücken: Steil über den kurzen Nordgrat hinab und durch Jungwald zur Wegverzweigung. Kurz nach Süden in eine Grasmulde, dann durch den Wald nach rechts zum Kamm. Auf und links neben ihm teilweise im Wald zu einer deutlichen Schulter. Wegverzweigung. Über einen Hang nach links hinab zur Straße, auf die man kurz oberhalb des Alpenhofes trifft.

Die Reuter Wanne über der Tiroler Enklave Jungholz.

8 Grüntensee und Buronhütte

Wanderung mit zweierlei Akzenten

Haslach — Staudamm — Grüntensee — Gasthaus Grüntensee — Stanzbach — Buronhütte — Staudamm

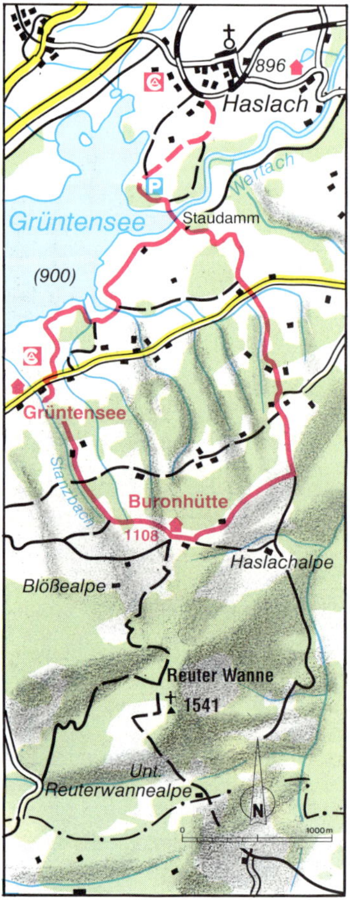

Talort: Oy-Mittelberg, 938 m, weitverstreuter Ferien- und Kurort in hügeliger Wiesenlandschaft am Alpenrand.
Ausgangspunkt: Von Oy 2 km nach Haslach, einem Dorf nördlich des Grüntensees. Dort beim letzten Haus nach rechts und auf schmalem Sträßchen Richtung Staudamm noch 1 km bis zum Sperrschild.
Parkmöglichkeit: Parkplatz am Ende der öffentlichen Straße etwas über dem See (Freibadeplätze).
Gehzeiten: Hinweg bis Buronhütte 2 Std., nördlicher Rückweg 1¼ Std.
Anforderungen: Teilweise ganz bequeme Wege, beim Aufstieg kleiner Steig.
Höchster Punkt: Buronhütte, 1170 m.
Einkehrmöglichkeiten: Ghs. Grüntensee, Buronhütte.
Sehenswertes: Blumenwiesen.

Die Ufer des aufgestauten Grüntensees sind noch recht ursprünglich. Da gibt es — vor allem im Westen — ausgedehnte, blumenreiche Moore, ferner Bauernwiesen und ein wenig Wald. Es lohnt sich also, diesen See näher kennenzulernen. In der warmen Jahreszeit kann man ihn auch zu einem erfrischenden Bad nützen. Manche wandern rund um den ganzen See; am Westufer ist der Weg jedoch wenig ideal. Wir wollen deshalb lieber — als eine Art Gegenpol — den kurzen Aufstieg zur schön gelegenen Buronhütte — Blick ins Alpenvorland — beschreiben.

Blick über den Grüntensee auf Faistenoy.

Die Rundtour: Vom Parkplatz auf dem Sträßchen über den Staudamm und noch kurz weiter zur Wegverzweigung. Dort rechts und am Wald entlang zu den bald freien, teilweise sumpfigen Wiesen am Ostufer des Grüntensees. Etwa 25 Min. oberhalb der Wasserfläche nach Süden, dann links hinauf zur Straße, wo die Talstation der Buronlifte steht, rechts das Ghs. Grüntensee. Auf der Straße kurz nach rechts, dann auf einem Fußweg parallel zum Stanzbach über die Wiesenhänge empor zum Berggasthaus Buronhütte, 1170 m. Dann auf einem Weg nach Nordosten zur Alpstraße, auf ihr ein Stückcken hinab. Bei einer Kurve geradeaus weiter und auf dem Wiesenweg zur Hauptstraße. Gleich gegenüber auf dem Feldweg weiter und zurück zur Staumauer.

9 Willersalpe, 1456 m

Der grüne Kessel unter dem Ponten

Hinterstein — Köpfl — Wildfräuleinstein — Willersalpe — evtl. Zirleseck oder Ponten.

Die felsige Nordostflanke des Ponten.

Talort: Hinterstein, 866 m, kleines, ganz abgelegenes Dorf im oberen Ostrachtal mit sehr schöner Bergkulisse.
Ausgangspunkt: Am südlichen Ortsende von Hinterstein.
Parkmöglichkeit: Großer Parkplatz hinter dem letzten Haus am südöstlichen Ortsende, Gebühr.
Gehzeiten: Zur Willersalpe 1¾ Std., evtl. Weiterweg zum Zirleseck 1¼ Std., zum Ponten 1¾ Std.
Anforderungen: Bergweg mit steileren Passagen.
Höchste Punkte: Willersalpe, 1456 m, evtl. Zirleseck, 1872 m, Ponten, 2044 m.
Einkehrmöglichkeit: Willersalpe.
Sehenswertes: Zipfels-Wasserfälle unmittelbar über dem Ort.

Die stattliche, zu einem Berggasthaus erweiterte Alm liegt in einem nach Westen offenen Kessel mit Weideböden, von denen die Hänge sehr steil zu den Gipfeln emporziehen. Da gibt es schöne und gewaltige Berge, die mit angelegten Steigen erschlossen sind, wie das Gaishorn, 2247 m, oder das Rauhhorn, 2240 m, das im letzten Abschnitt noch ein paar einfache Kletterstellen bietet. Doch diese beiden Ziele sind für eine Tagestour von Hinterstein schon reichlich weit entfernt. Schneller lassen sich vor allem das etwas bescheidene Zirleseck oder auch der Ponten erreichen.

Zur Willersalp: Vom Parkplatz zurück zwischen die Häuser. Hier Abzweigung des Fußwegs (schöner als der Alpweg). In Kehren über Wiesen und durch Wald rasch aufwärts auf das Köpfl, einen Felsvorsprung im Steilgelände. Dann schräg durch den Wald nach Osten am Wildfräuleinstein vorbei zum Willersbach. Auf der anderen Seite weiter zwischen Bäumen empor, dann über die freien Weideflächen zur Alp in einem auffallend welligen Hochtal.

Die Gipfel: Bei der Verzweigung oberhalb der Häuser auf dem linken Weg weiter. In einer steilen Mulde aufwärts, dann links auf den Grat. Von dort nach rechts auf das nahe Zirleseck, 1872 m, oder nach links und durch die Steilflanke auf den Ponten, 2044 m, etwas Trittsicherheit erforderlich.

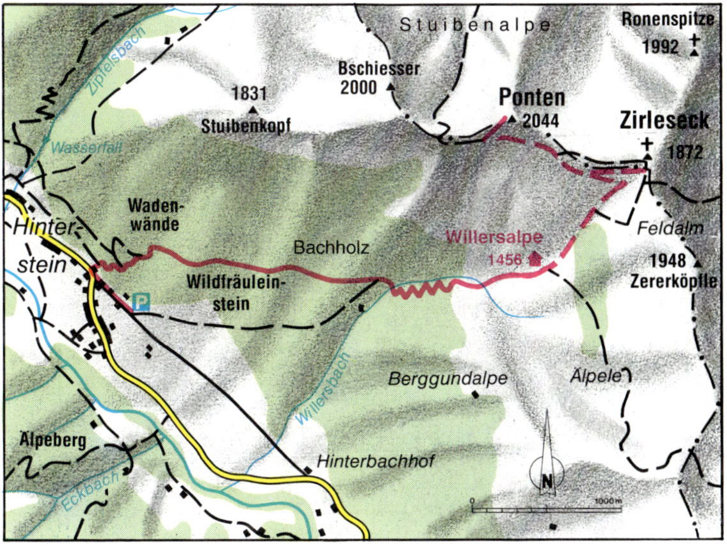

10 Schrecksee, 1802 m

Blaues Auge in grüner Fassung

Hinterstein — E-Werk — Taufersalpe — Schrecksee — evtl. Lahnerscharte

Talort: Hinterstein, 866 m, kleines, ganz abgelegenes Dorf im oberen Ostrachtal mit schöner Bergkulisse.
Ausgangspunkt: E-Werk, 935 m, 3 km südlich von Hinterstein an der Straße zum Giebelhaus. Dorthin mit Bus oder zu Fuß in 45 Min.
Parkmöglichkeit: Großer Parkplatz am südlichen Ortsende von Hinterstein.
Gehzeiten: Vom E-Werk zum Schrecksee 2¾ Std.; in die Lahnerscharte zusätzlich 40 Min.
Anforderungen: Zwar stets breite, doch teilweise steile und recht steinige Wege.
Höchster Punkt: Schrecksee, 1802 m; evtl. Lahnerscharte, 1988 m.
Einkehrmöglichkeit: Nur in Hinterstein.
Sehenswertes: Sehr schöner Bergsee.

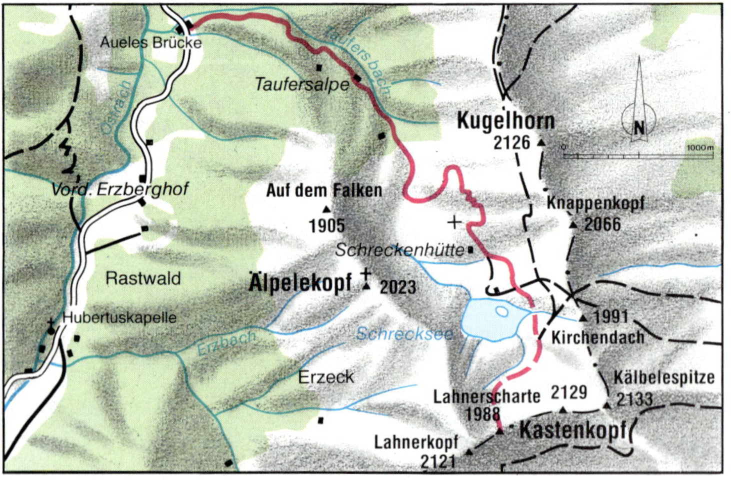

Warum wohl ausgerechnet dieses Ideal eines Bergsees einen so unfreundlichen Namen erhielt? Der See mit seinem intensiv blauen, oft etwas milchigen Wasser ist von sanften, saftig-grünen Weideflächen umrahmt. Auch einen Teil der Gipfel rundum überzieht steilstes Gras. Nur im Süden stehen zwei richtige Felsberge, der Kastenkopf und die zerborstene Kälbelespitze, 2135 m, die fast nie Besuch erhält. Zu dieser Art von Landschaft gehört natürlich auch ein üppiger Blütenschmuck. Würde da nicht ein Name wie Blumensee oder Sonnensee besser passen als Schrecksee?!

Typische Allgäuer Graslandschaft: Schrecksee und Älpelekopf.

Zum Schrecksee: Vom E-Werk über Wiesen und durch Hochwald rasch aufwärts — schöne Rückblicke auf die Gruppe des Daumen — zu dem freundlichen Wiesenboden der Taufersalpe. Talein bis vor den sperrenden Felsriegel, dem man mit einer weit nach links ausholenden Schleife ausweicht. Oberhalb über wellige Mattenböden zum großen See.

Weiterweg in die Lahnerscharte: Östlich um die Wasserfläche, dann erst flach nach Süden, später mehr nach Südwesten bis hinter eine flache Rinne. Jetzt gerade in den breiten Sattel hinauf. Dort öffnet sich ein schöner Blick nach Süden auf die vollkommen einsame Roßzahngruppe und in die Lechtaler Alpen.

11 Prinz-Luitpold-Haus, 1846 m

Der Stützpunkt für den Hochvogel

Giebelhaus — Bärgündeletal — Unteres Bärgündele — Prinz-Luitpold-Haus

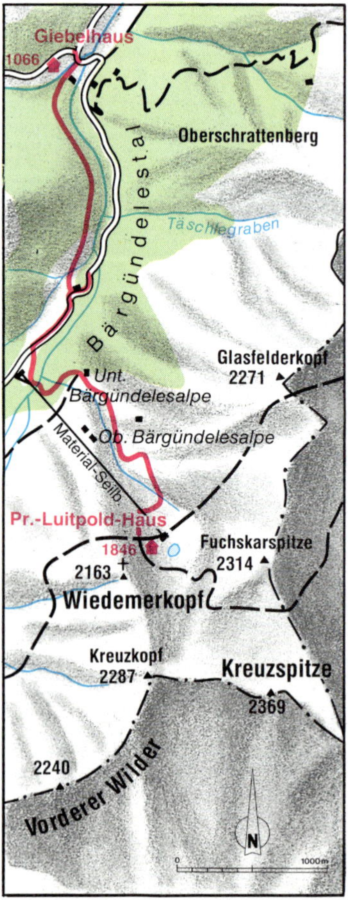

Talort: Hinterstein, 866 m, kleines, ganz abgelegenes Dorf im oberen Ostrachtal mit schöner Bergkulisse.
Ausgangspunkt: Von Hinterstein mit dem Bus durchs Ostrachtal zum Giebelhaus, 1066 m.
Parkmöglichkeit: Großer Parkplatz im Süden Hintersteins in der Nähe der Bushaltestelle, Gebühr.
Gehzeiten: 2½ Std. bis zur Hütte.
Anforderungen: Gut angelegte Bergwege in teilweise steilem Gelände.
Höchster Punkt: Prinz-Luitpold-Haus, 1846 m.
Einkehrmöglichkeit: Prinz-Luitpold-Haus.
Sehenswertes: Schroffe Felsgipfel.

Auf einer Geländeschwelle knapp über einem Bergseelein liegt diese stattliche Hütte mit immerhin 300 Schlafplätzen. Sie dient den Alpinisten vor allem als Stützpunkt für die Besteigung des Hochvogels, 2592 m, des wohl berühmtesten Allgäubergs, der schon jedem heimischen Schulkind ein Begriff ist. Das Kuriose dabei: Trotz der schönen, freien Lage der Hütte sieht man gerade von dort aus den Hochvogel nicht. Nur sein Kreuz lugt über die vorgelagerte Kreuzspitze und scheint auf dieser zu stehen. Im Hüttenbereich bietet vor allem die Fuchskarspitze, 2314 m, ein imposantes Bild. In ihren immerhin 400 m hohen, von den Kletterern geschätzten Wänden sind die Gesteinsschichten ganz auffallend gekrümmt und verbogen.

Der Hüttenzugang: Vom Giebelhaus auf der Straße über die Wiesen bis vor die Brücke. Jetzt rechts auf einem Fußweg, der stets westlich des Bärgündelebaches bleibt, nach Süden talein. Dann über den Bach und zur Straße hinauf, die man bald wieder nach links verläßt. In dem nun engen Einschnitt noch ein Stückchen flach nach Süden, anschließend auf die gegenüberliegende Seite und über eine leicht felsige Stufe hinauf zur Unteren Bärgündelealp. In dem nun bald freien Grasgelände weiterhin steil aufwärts — schöne Ausblicke — zum Oberen Bärgündele und weiter zur Hütte, wo sich ganz überraschend ein kleines Hochtal, in dem ein kleiner See liegt, öffnet.

Der Hochvogel, der markanteste Berg der Allgäuer Alpen.

12 Engeratsgundsee, 1878 m

Idylle im Daumengebiet

Giebelhaus — Engeratsgundhof — Käseralp — Engeratsgundsee — Tür — Nickenalpen — Möslealpe — Hinterstein

Talort: Hinterstein, 866 m, kleines, ganz abgelegenes Dorf im oberen Ostrachtal mit schöner Bergkulisse.
Ausgangspunkt: Von Hinterstein mit dem Bus zum Giebelhaus, 1066 m.
Parkmöglichkeiten: Großer Parkplatz im Süden Hintersteins in der Nähe der Bushaltestelle, Gebühr.
Gehzeiten: Giebelhaus — Engeratsgundsee 2½ Std., Weiterweg nach Hinterstein 2½ Std.
Anforderungen: Markierte Bergwege, etwas längere Tour.
Höchste Punkte: Engeratsgundsee, 1878 m, Tür, 1950 m.
Einkehrmöglichkeit: Nur Giebelhaus und in Hinterstein.
Sehenswertes: Malerischer Bergsee.

Unsere Tour zum Engeratsgundsee — ein richtiger Zungenbrecher für die Fremden! — zeigt all die typischen Allgäuer Elemente: Steilgras mit reichem Blumenschmuck, Hochkare mit einem großen, idyllischen See und eine felsige Gipfelwelt. Bei unserem Ziel läßt sich's im Gras herrlich rasten, und die Fotofreunde begeistert der Hochvogel, der sich im klaren Bergwasser spiegelt. Eine Warnung: Die gesamte Tour ist relativ lang.

Zum Engeratsgundsee: Vom Giebelhaus auf der Straße über eine erste Stufe zum Beginn des Obertales. Ab Engeratsgundhof auf einem Fußweg über die Grashänge nach Norden empor zur Käseralp. Immer links des Baches bleibend in den Hintergrund des schmalen Hochtals. Rechts in einer kleinen Mulde über die Steilstufe, hinter der sich der See verbirgt.

Pfannhölzer werden die Felsköpfe über dem Nickental genannt.

Über die Tür nach Hinterstein: Östlich des Sees über eine kurze Stufe in den Sattel „Tür“ hinauf. Nach links in den ersten Boden des Nickentals und durch die Mulden talaus zur Steilstufe. Über den hier tief in die Felsen eingeschnittenen Bach auf die andere Seite und rasch hinab zur Mittleren Nickenalpe. Dann immer am linken Hang entlang weit nach Osten und Norden zur Möslealpe und über eine hohe Waldstufe hinab auf die Talwiesen. Erst links der Ostrach, dann über die Brücke nach rechts zur Straße und auf ihr ins nahe Hinterstein.

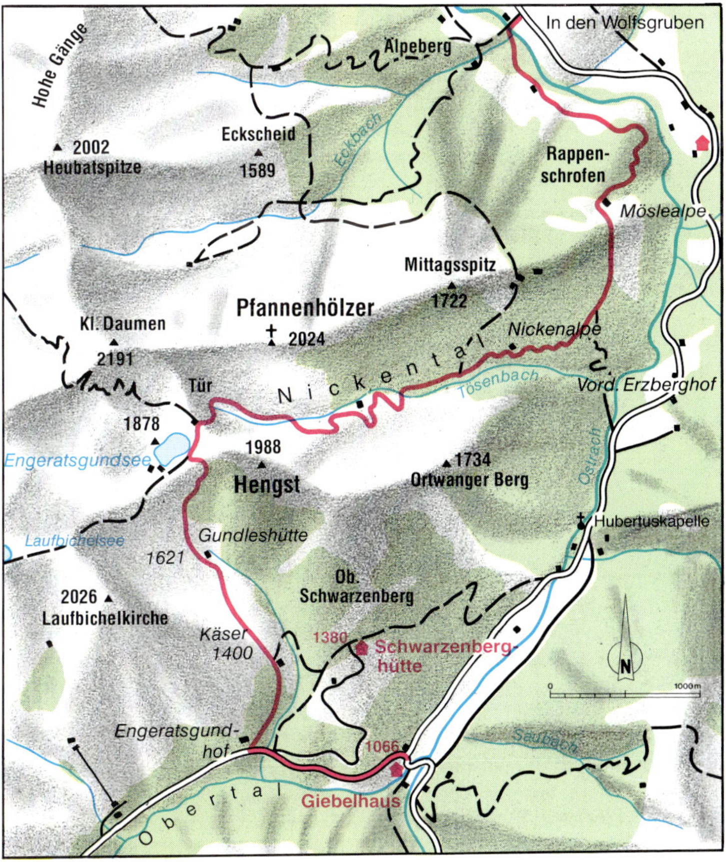

13 Breitenberg, 1893 m

Beherrschender Gipfel über Bad Oberdorf

Hinterstein — Eckbach — Älpealp — Breitenberg

Talort: Hinterstein, 866 m, kleines, ganz abgelegenes Dorf im oberen Ostrachtal mit schöner Bergkulisse.
Ausgangspunkt: Am südlichen Ortsende von Hinterstein.
Parkmöglichkeit: Parkplatz am südlichen Ortsende von Hinterstein, Gebühr.
Gehzeiten: Von Hinterstein zur Älpealp 1½ Std., bis zum Gipfel 3 Std.
Anforderungen: Erst breiter Alpweg, dann kleine Steige.
Höchster Punkt: Breitenberg (Nordgipfel), 1893 m.
Einkehrmöglichkeit: Nur in Hinterstein.

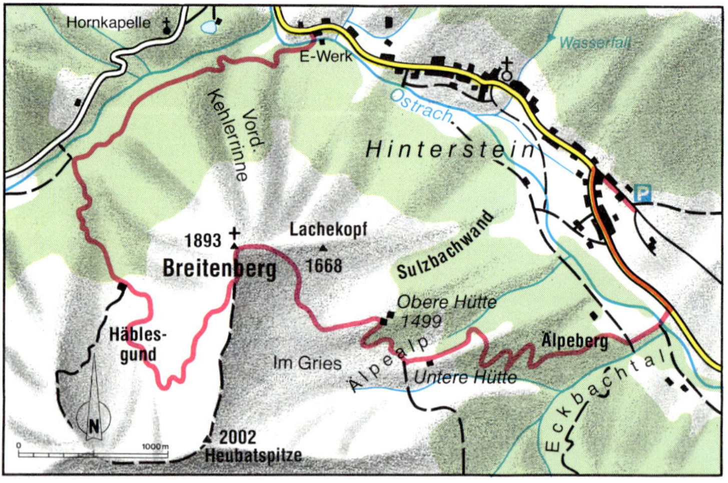

Mit seiner 900 m hohen, von Schrofen durchsetzten und mit Rinnen zerfurchten Nordflanke beherrscht der Breitenberg den Eingang des inneren Ostrachtales. Von beiden Seiten führen alpine Steige zu dem nach Norden vorspringenden Gipfel empor. Wem der etwas längere Anstieg zu viel Mühe bereitet, findet bei den herrlich freien Matten der Älpealp ein reizvolles Ausweichziel. Ausgesprochene Bergsteiger hingegen folgen dem Hindelanger Steig weiter bergauf über den teilweise felsigen und dann gut gesicherten Grat.

Zu den Älpealpen: Nach dem letzten Haus in Hinterstein noch 700 m auf der Talstraße, dann rechts über den Bach und auf einem Fahrweg zum

Blick vom Iseler auf Breitenberg und Rotspitze.

Waldrand. Flach in das Eckbachtal, dann auf breitem Alpweg in langgezogenen Kehren durch Wald und über Schläge zu den freien Matten der Unteren Alpe. Durch die Mulden nach Westen, dann rechts hinaus zur Oberen Alphütte in herrlicher Lage.

Auf den Breitenberg: Von der Oberen Alpe kurz über den Rücken, dann nach rechts durch steile Hänge auf einen kleinen Boden. Es folgen weitere Steilhänge bis zum Fuß der Felsen. Durch eine Rinne zum Grat und weiter zum Gipfelkreuz.

Abstieg durch Häblesgund: Vom Kreuz auf der Westseite des Grates durch Latschengassen in einen kleinen Sattel mit Wegverzweigung. Quer durch die steilen Hänge hinab in den netten Boden von Häblesgund und weiter durch Hochwald bis zu einem Fahrweg knapp über dem Boden des Retterschwang. Jetzt rechts auf diesem, dann auf einem Steig hinab zur Ostrach beim nordwestlichen Ortsende von Hinterstein.

14 Am Imberger Horn, 1656 m

Gipfelweg oder Rundwanderung

Hindelang — Hornalpe — Imberger Horn — Straußbergalpe — Hornalpe; oder Hornalpe — Straußberg — Retterschwangtal — Hindelang

Talort: Hindelang, 825 m, stattlicher Markt am Sonnenhang oberhalb der Ostrach, beliebter Ferien- und Kurort.
Ausgangspunkt: Vom Straßenkreuz am Ortsrand von Hindelang noch 800 m Richtung Hinterstein zur Lift-Talstation.
Parkmöglichkeit: An der Talstation.
Gehzeiten: Bergstation — Imberger Horn 1¼ Std., Rückweg über Straußbergalpe 1¼ Std.; Rundweg durchs Retterschwangtal 2¾ Std.
Anforderungen: Bei der Gipfelbesteigung etwas Trittsicherheit notwendig; bei der Rundtour meist flache Bergwege oder Forststraßen.
Höchster Punkt: Imberger Horn, 1656 m.
Einkehrmöglichkeiten: Berggaststätte Hornalpe, Straußbergalpe, Horncafé.
Sehenswertes: Gotischer Schnitzaltar von Jörg Lederer in der Kirche von Bad Oberdorf.

Der lange Grat zwischen Iller und Retterschwangtal wirft ganz am Schluß noch einen markanten Fels- und Steilgrasberg auf, das Imberger Horn. Ein etwas anspruchsvoller Steig klimmt über die jähen Hänge empor, die ganz von den winterlichen Lawinen geprägt sind. Deshalb wächst dort außer Gras allenfalls noch Erlen-Buschwerk; nur die geschützten Zonen sind dicht mit Fichten bestanden. Wer eine einfache Tour bevorzugt, wählt die bequemere, aber etwas längere Rundwanderung.

Über das Imberger Horn: Von der Bergstation, 1305 m, nach Westen durch den Hochwald zur Wegverzweigung. Noch kurz durch Wald, dann diagonal über die teilweise sehr steilen, manchmal felsdurchsetzten Hänge

Tiefblick vom Imberger Horn auf den Ferienort Hindelang.

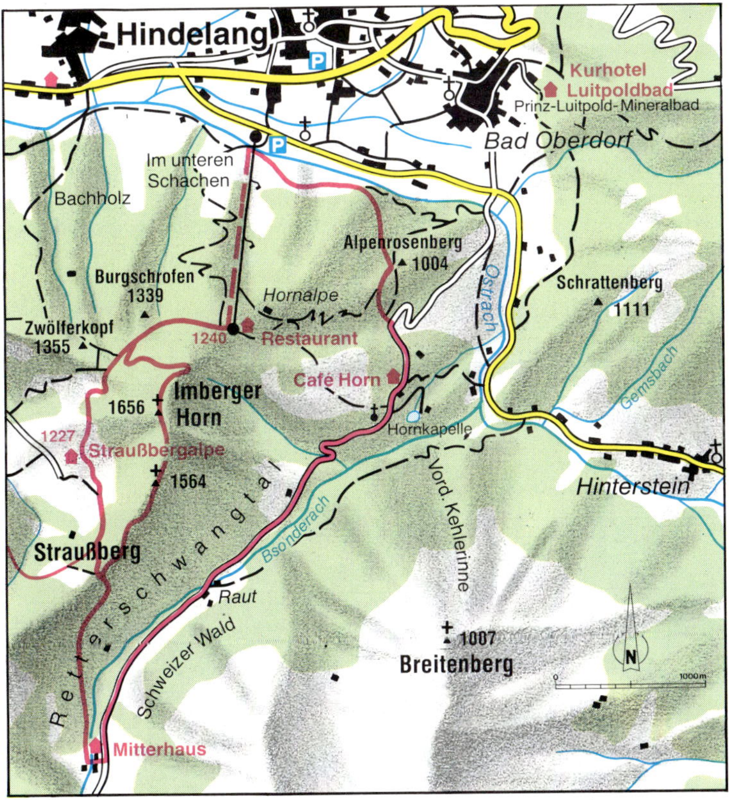

— schöne Tiefblicke auf Hindelang! — zum Südostgrat und über diesen zum Gipfelkreuz hinauf. Auf dem teilweise schmalen, manchmal auch dicht bewaldeten Südgrat zu einem Vorgipfel, 1564 m, mit einem weiteren Kreuz. Nach Süden hinab — völlig überflüssige Drahtseile im Wald! — und dann rechts zur Straußbergalpe. Westlich unter dem Gipfel hindurch mit einem kurzen Gegenanstieg zurück zur Hornalpe mit dem Lift.

Der Rundweg: Mit wenig Höhendifferenz westlich um das Imberger Horn in den schönen Wiesensattel am Straußberg. Schräg hinab ins Retterschwangtal. Auf der Straße gut 3 km talaus, dann auf einem Fußweg links am Alpenrosenberg vorbei zurück zur Talstation.

15 Sonnenköpfe, 1833 m

Die Gipfel des Panoramawegs

Hinang — Sonnenklause — Sonnenkopf — Heidelbeerkopf — Schnippenkopf — Entschenalpe — Sonnenklause

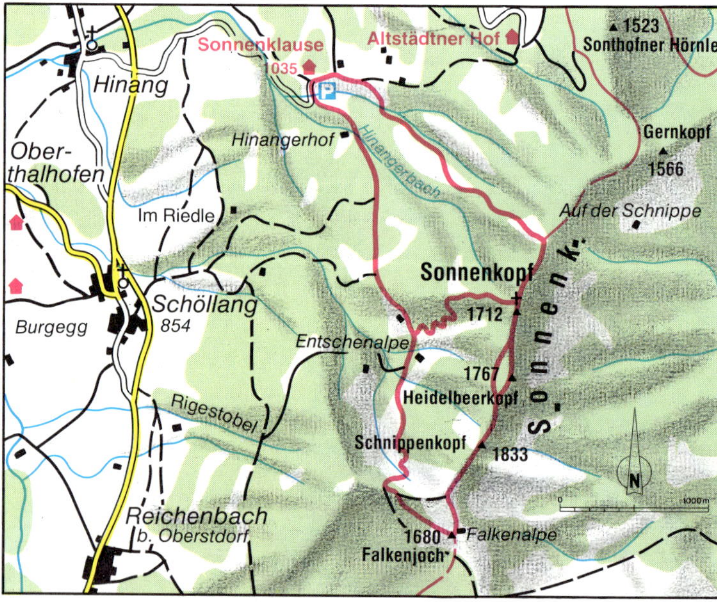

Talort: Hinang, 823 m, Bauerndörfchen auf der östlichen Illerterrasse in schöner Lage. Von Sonthofen dorthin 5 km auf guter Straße.
Ausgangspunkt: Ghs. Sonnenklause, 1035 m, Stichstraße von Hinang, Abzweigung an der Umgehungsstraße genau bei km 7; 16 % Steigung, gut 2 km.
Parkmöglichkeit: Beschränkte Parkmöglichkeit am Ende der Straße.
Gehzeiten: Parkplatz — Sonnenkopf 2 Std., Grattour von dort auf den Schnippenkopf 1 Std.
Anforderungen: Kleine, teilweise auch steile Bergwege, gut beschildert und markiert, bei Nässe schmierig.
Höchste Punkte: Heidelbeerkopf, 1767 m, Schnippenkopf, 1833 m.
Einkehrmöglichkeit: Nur Ghs. Sonnenklause bei Start und Ziel.

Die drei Wald- und Mattengipfel im Kamm zwischen der Iller und dem Retterschwang faßt man als Sonnenköpfe zusammen. Sie bieten das Ideal

Schnippenkopf-Hauptgipfel der Sonnenköpfe bei Hinang.

einer Voralpenbergtour bei einem raschen Wechsel von Wald und freien Flächen mit sehr schönen Ausblicken und einer spannenden Gratüberschreitung. Man kann die Tour auch in Hindelang (Lift) beginnen und den Schildern „Panoramaweg" bis Oberstdorf folgen.

Die kleine Rundtour: Vom Parkplatz auf der Straße zur nahen Verzweigung. Rechts kurz durch Wald auf die freien Flächen und über sie weit empor, sehr schöne Ausblicke. Nochmals kurz durch Wald, dann in einer Schneise zum breiten Grat und über ihn auf den Sonnenkopf. Auf ebenfalls markiertem Steig über den Westgrat auf eine Schulter hinab, dann links über die Hänge in einen Graben und hinaus zum Alpsträßchen. Auf ihm und auf Fußwegen schräg durchs Gelände zurück zum Ausgangspunkt.

Die große Rundtour: Vom Sonnenkopf in den folgenden Sattel und steil auf den Heidelbeerkopf, 1767 m (oder rechts um ihn herum), wieder abwärts in einen weiteren ausgeprägten Sattel und nochmals steil aufwärts auf den Schnippenkopf. Auf dem breiten Weg zur Falkenalpe, von dort nach rechts waagrecht durch die Hänge und etwas abwärts in einen Sattel. Drüben über Lawinenhänge steil hinab und weiter zur Entschenalpe. Bald darauf Vereinigung mit dem Abstiegsweg vom Sonnenkopf.

16 Geißalpseen, 1769 m

Kleinodien unter dem Nebelhorn

Reichenbach — Tobelweg — Gaisalpe — Unterer und Oberer Geißalpsee; oder Nebelhornbahn — Am Gängele — Entschenkopf — Gaisalpe — Reichenbach

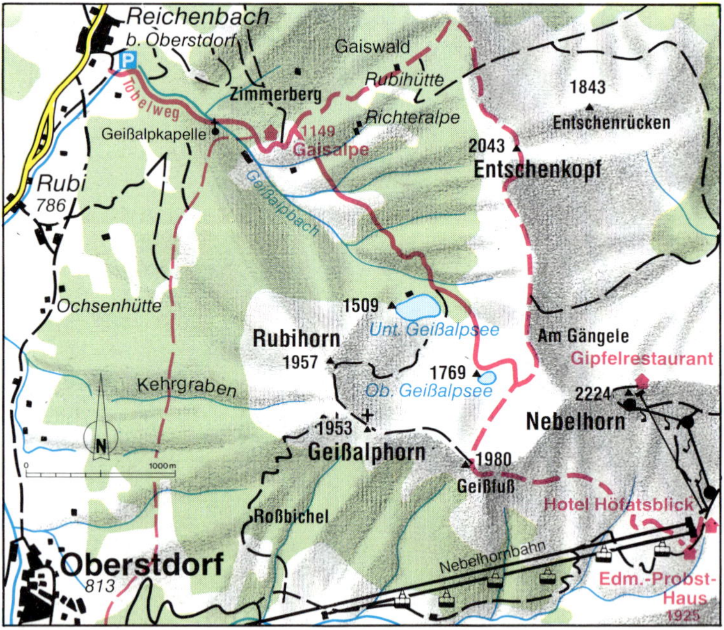

Talort: Reichenbach, 867 m, Dorf auf der Illerterrasse nordöstlich von Oberstdorf mit sehr schönem Blick.
Ausgangspunkt: Parkplatz über dem Ort.
Parkmöglichkeit: Im Dorf auf schmaler Straße kurz bergauf, dann nach Süden zum kleinen Parkplatz am Waldrand vor dem Geißalpbach.
Gehzeiten: Reichenbach – Oberer Geißalpsee 2½ Std.; Nebelhornbahn – Entschenkopf 1¾ Std., Abstieg von dort gut 2 Std.
Anforderungen: Bergwege, die teilweise steil und steinig sind; am Entschenkopf zwei Steilstellen mit Drahtseil.
Höchste Punkte: Oberer Geißalpsee, 1769 m; evtl. Entschenkopf, 2043 m.
Einkehrmöglichkeit: Berggasthof Gaisalpe, 1149 m.
Sehenswertes: Schöne Bergseen, Tobel mit schäumendem Bach.

Der Weg zu den Geißalpseen ist besonders abwechslungsreich und spritzig, falls man im ersten Abschnitt durch den Tobel emporsteigt und nicht das Alpsträßchen benützt. Die beiden Seen liegen in malerischen, völlig unberührten Bergkesseln. Für den Unternehmungslustigen beschreiben wir noch die anspruchsvollere Entschenkopftour mit ihren spannenden, aussichtsreichen Panoramawegen.

Zu den Geißalpseen: Vom Parkplatz auf dem Sträßchen bis zur Geißalpbach-Brücke. Nun auf dem Fußweg durch den wüst-urtümlichen, von Felsen dekorierten Tobel und zwischen Wiesen zur Gaisalpe, 1149 m. In dem sehr steilen, von Bachläufen zerschnittenen Gelände auf steinigem Weg zum Unteren Geißalpsee, 1509 m, und über Gras und zwischen Latschen bequemer zum kleineren Oberen See.

Der Entschenkopf: Von der Bergstation der Nebelhorn-Seilbahn erst abwärts, dann querend zur Scharte am Geißfuß und über dem Oberen Geißalpsee vorbei zum Gängele. Über den kurzzeitig schärferen und etwas ausgesetzten Grat (Drahtseil) auf den mächtigen Entschenkopf, 2043 m. Abstieg entweder über den Nordgrat (sehr steil und steinig) oder wieder über das Gängele und dann an den Geißalpseen vorbei zur Gaisalpe und nach Reichenbach. Mit dem Bus zurück nach Oberstdorf.

Entschenkopf und Rubihorn von Obermaiselstein gesehen.

17 Rubihorn, 1957 m

Der Wächter über Oberstdorf

Oberstdorf — Vordere Seealpe — Roßbichel — Rubihorn — Geißalpsee — Gaisalpe — Oberstdorf

Talort: Oberstdorf, 813 m, berühmter Ferienort im großen Talkessel der Iller. Ganz zentrale Lage im Herzen des Allgäus.
Ausgangspunkt: Talstation der Nebelhornbahn im Osten des Ortes.
Parkmöglichkeit: Mehrere Parkplätze bei der Talstation.
Gehzeiten: Aufstieg 2 Std., Abstieg über die Gaisalpe 2¼ Std.
Anforderungen: Kleine, teilweise steinige Bergwege, etwas Trittsicherheit angebracht.
Höchster Punkt: Rubihorn, 1957 m.
Einkehrmöglichkeit: Berggasthof Gaisalpe.
Sehenswertes: Vogelschaublick auf Oberstdorf, schöne Bergseen.

All die berühmten Allgäugipfel sind ziemlich weit von Oberstdorf entfernt, sie bilden nur einen malerischen Hintergrund. Es gibt lediglich einen richtigen „Hausberg", das Rubihorn, das faszinierende Tiefblicke ins Tal der Iller und zudem ein großes Panorama bietet, das auch im Allgäu konkurrenzlos ist. Der durch die Nebelhornbahn verkürzte Anstieg entpuppt sich als etwas steil und steinig. Beim Rückweg muß man sich entscheiden: entweder direkt und schnell oder wesentlich weiter, doch landschaftlich besonders schön über die Gaisalpe.

Rubihorn (Nordwestflanke), der beherrschende Berg bei Schöllang.

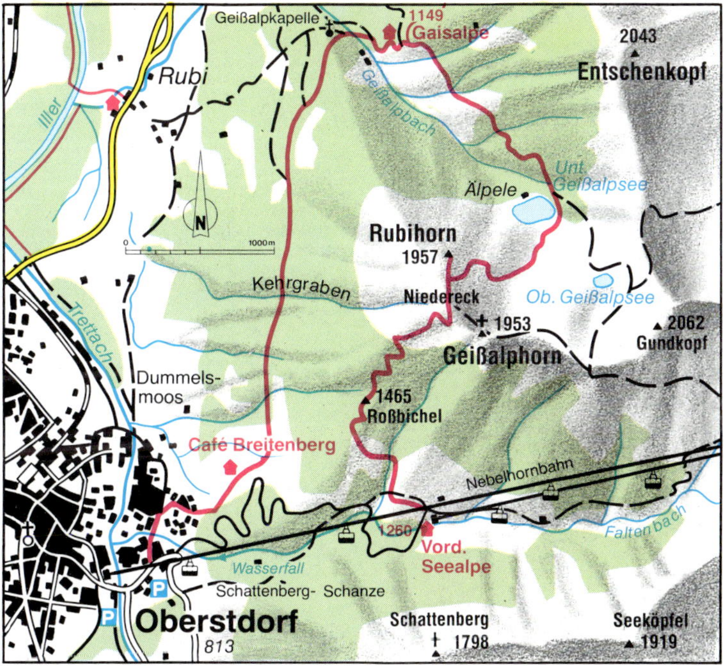

Südanstieg: Mit der Nebelhornbahn zur Mittelstation bei der Seealpe, 1260 m. Querung auf den Wiesen zu einem von links heraufkommenden Steig. Durch Wald steil nach Norden empor auf den breiten Roßbichel, dann in vielen Kehren oft zwischen Latschen weit hinauf zum Kamm. Mit etwas Auf und Ab zum Gipfel; links ein Kreuz, rechts jedoch der höchste Punkt.

Abstieg über die Gaisalpe: Zurück in die oberste, deutliche Gratlücke. Hier nach links in die anfangs sehr steilen Hänge. Der Weg hält sich erst knapp unter den Felsen des Ostgrates und führt dann über die große Halde in Kehren hinab ins Kar. Flacher zum Unteren Geißalpsee, 1509 m, wo man auf einen größeren Weg trifft. Über eine steile, manchmal auch etwas felsige Stufe zum Ghs. Gaisalpe, 1149 m. Auf der Straße abwärts bis hinter den Geißalpbach, bei einem Kreuz schließlich links und auf dem Fußweg — anfangs ein wenig aufwärts — schräg durch die Westhänge des Rubihorns zurück nach Oberstdorf.

18 Großer Daumen, 2280 m

Seenplateau und hoher Aussichtsberg

Nebelhornbahn — Koblat — Koblatsee — Laufbichelsee — Daumen

Talort: Oberstdorf, 813 m, berühmter Ferienort im großen Talkessel der Iller. Ganz zentrale Lage im Herzen des Oberallgäus.
Ausgangspunkt: Talstation der Nebelhornbahn im Osten des Ortes.
Parkmöglichkeiten: Mehrere Parkplätze bei der Talstation.
Gehzeiten: Bahn — Koblatsee 50 Min., Bahn — Daumen 2 Std.
Anforderungen: Bis zum Laufbichelsee Wege mit nur wenig Auf und Ab, dann längere Steigung bis zum Gipfel.
Höchster Punkt: Großer Daumen, 2280 m.
Einkehrmöglichkeiten: Gaststätte und Alpenvereinshütte an der Seilbahn-Bergstation.

Der Steig aus dem Nebelhorngebiet zum Daumen führt über eine verkarstete und deshalb recht wellige Terrasse in etwa 2000 m Höhe, das Koblat. Die hindernislosen Ausblicke etwa zum Hochvogel und zwei Bergseen sorgen für Abwechslung. Das Koblat wird zudem vom Zackenkamm der Wengenköpfe, 2235 m, begleitet, über den einer der beliebtesten und bekann-

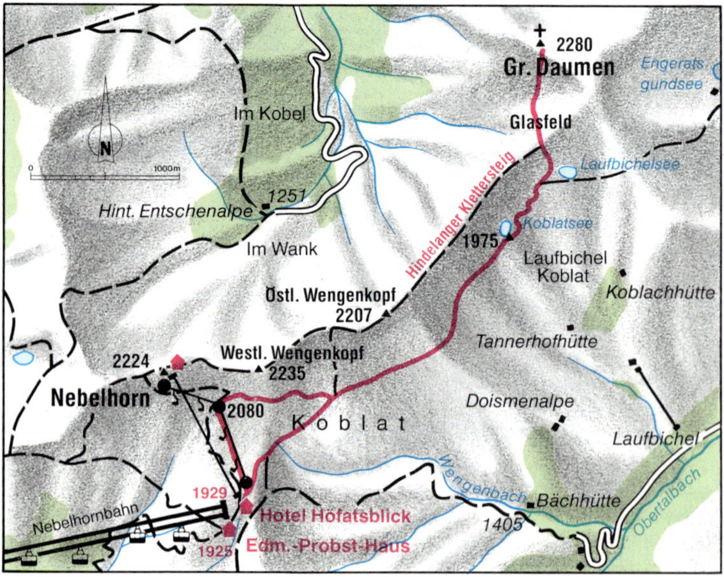

Auf den Wengenköpfen zwischen Nebelhorn und Großem Daumen.

testen Klettersteige (Hindelanger Weg) führt. Selbst mit bloßem Auge sind die Kletterer als Silhouetten gegen den Himmel zu erkennen. Der Große Daumen ist der höchste Gipfel, der in diesem Führer beschrieben wird. Andere, bedeutendere Ziele, von denen es viele in den Allgäuer Alpen gibt, sind entweder vom Tal zu weit entfernt, oder die Besteigung erfordert einige Kletterei.

Koblat und Großer Daumen: Mit der Seilbahn zur Bergstation und weiter mit der ersten Sektion des Sesselliftes auf 2080 m. Nach Osten um einen nahen Geländerücken und etwas abwärts auf die Hochterrasse Koblat. In welligem Gelände zu dem mit Blöcken umgebenen Koblatsee, 1975 m, der in trockenen Jahreszeiten weitgehend verlandet, und ein Stückchen empor zum Laufbichelsee, 2018 m, mit freundlichen Grasufern. Schon kurz vor ihm links über den etwas steileren Hang hinauf zum Kamm, wo man auf das Ende des Klettersteigs trifft. Über einen erstaunlich weiten und sanften Mattenhang, Glasfeld genannt, zum Gipfelkreuz.

19 Laufbachereck, 2150 m

Der ungewöhnliche Höhenweg

Nebelhornbahn — Schochensattel — Laufbachereck — Schönberghütte — Bärgündeletal — Giebelhaus

Talort: Oberstdorf, 813 m, berühmter Ferienort im großen Talkessel der Iller. Ganz zentrale Lage im Herzen des Allgäus.
Ausgangspunkt: Talstation der Nebelhornbahn im Osten des Ortes.
Parkmöglichkeit: Mehrere Parkplätze bei der Talstation.
Gehzeiten: 2½ Std. bis zum Laufbachereck, 2 Std. Abstieg.

Anforderungen: Gut angelegter Steig, der jedoch äußerst steiles Gelände quert. Beim Abstieg vom Laufbachereck bei Nässe unangenehme Stellen.
Höchste Punkte: Laufbachereck, 2150 m, evtl. Laufbacherkopf, 2178 m.
Einkehrmöglichkeiten: Nur bei der Nebelhornbahn und im Giebelhaus.
Sehenswertes: Steilgras mit reicher Flora.

Dieser Höhenweg gehört zum Schönsten in den Allgäuer Alpen. Etwa längs der 2000-m-Grenze quert er — ‚himmelhoch' über dem Oytal — die reichlich steilen Hänge und bietet so herrlich freie Ausblicke. Besonders imponierend zeigt sich gleich gegenüber die viergipfelige Höfats, 2258 m, mit ihren jähen und dabei vollkommen von Grün überzogenen Riesenhängen. Beim Laufbachereck öffnet sich die Sicht nach Osten auf den alles überra-

Der Seealpsee zwischen Nebelhorn und Oytal.

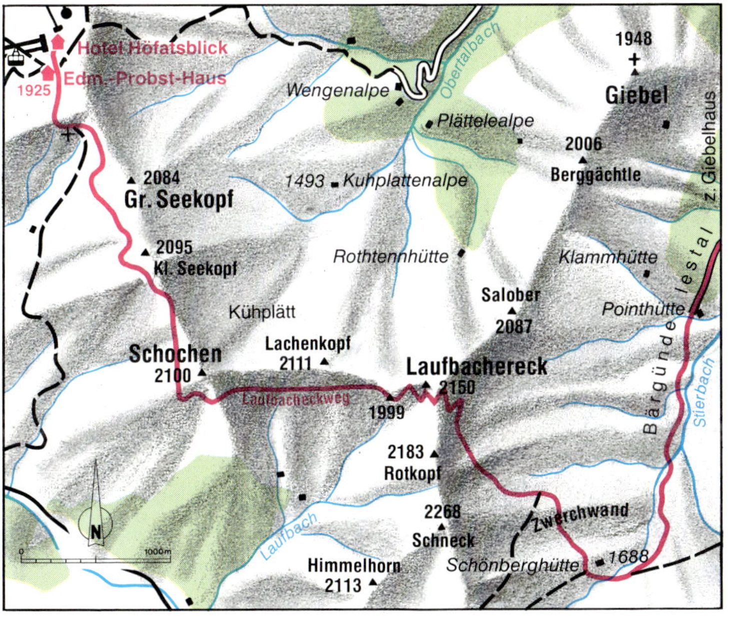

genden Hochvogel, 2592 m. Die Tour ist lang und etwas anspruchsvoller, sie läßt sich nur dank der guten Verkehrsverbindungen an einem Tag durchführen.

Höhenweg zum Laufbachereck: Mit der Nebelhornbahn zur Bergstation, 1929 m. Genau nach Süden in einen Sattel und nach links in einen weiteren. Dann auf dem guten Steig quer durch die Steilhänge der Seeköpfe in den Schochensattel und weitere Querung unter Schochen und Lachenspitze hindurch in eine vierte Scharte, 1999 m. In Kehren über den steilen Grashang auf das Laufbachereck (Gipfel links oberhalb des Weges).

Abstieg ins Ostrachtal: Weiterhin auf dem Höhenweg, erst steil abwärts, dann über Mattenböden gegen die Zwerchwand. Wegverzweigung. Auf dem unteren Steig auf den Grasrücken hinaus und weiter schräg rechts abwärts in den Talhintergrund am Fuß der Wilden. Jetzt genau nach Norden über Hänge und flache Talböden zur Pointhütte, dann auf Fahr- und Fußweg durchs Bärgündeletal hinaus zum Giebelhaus, 1063 m. Busfahrt nach Hinterstein und mit weiteren Bussen über Hindelang und Sonthofen zurück nach Oberstdorf.

20 Oytal und Stuibenfall

Eindrucksvolle Tallandschaft

Oberstdorf — Kühberg oder Oybach — Oytal — Oytalhaus — Prinzenkreuz — Stuibenfall — Käseralpe

Talort: Oberstdorf, 813 m, berühmter Ferienort im großen Talkessel der Iller. Ganz zentrale Lage im Herzen des Allgäus.
Ausgangspunkt: Talstation der Nebelhornbahn.
Parkmöglichkeiten: Großer Parkplatz jenseits der Trettachbrücke rechts der Straße.
Gehzeiten: Zum Oytalhaus 1¼ Std., zum Stuibenfall 2¼ Std., Käseralp 2¾ Std.
Anforderungen: Die Route verläuft ganz auf Fahrwegen.
Höchster Punkt: Käseralpe, 1401 m.
Einkehrmöglichkeiten: Berggasthaus Oytal, Gutenalpe und Käseralpe (Imbiß).
Sehenswertes: Wasserfall und eindrucksvoller Felszirkus.

Das im Allgäu öfter vorkommende „Oy" bedeutet nichts anderes als Au oder Aue, ist also ein Wiesenboden mit einem Bach. Doch so alltäglich dieser Name ist, so ungewöhnlich zeigt sich die Landschaft: hohe Wände, wilde Abbrüche, ein reicher Blumenschmuck, ein gischtender Wasserfall, eine echte Allgäuer Alp als Brotzeitplatz ... Außer unserem Talweg gibt es noch andere, großartige Möglichkeiten. Man kann aus dem Nebelhorngebiet (Bergbahn) am großen Seealpsee vorbei auf etwas anspruchsvolleren Bergwegen ins Tal absteigen. Und von der Käseralp braucht man nur noch eine gute Stunde Aufstieg bis zum Alpelesattel, 1780 m, am Südfuß des berühmten Gras- und Edelweißberges Höfats, 2258 m. Vom Sattel ist dann ein Abstieg nach Gerstruben möglich.

Durchs Oytal: Vom hinteren, südlichen Ende des Parkplatzes auf breitem Wanderweg durch Wald zum Kühberg. Dann stets auf der sehr aussichtsreichen Straße nach Süden, später um den Bergrücken herum ins Oytal. Hierher auch auf einem Fußweg längs der Trettach und auf einem anderen am Oybach entlang. Dann ganz flach zum Oytalhaus, 1006 m, im weiten Talboden. Im teils grünen, teils geröllreichen Tal weiter nach Osten bis zum Prinzenkreuz. Nun über den Bach und kräftig steigend zur Unteren Gutenalpe, die in allen Richtungen von Wänden und Steilhängen überragt wird. Zwischen Bäumen zum malerischen Stuibenfall und über eine letzte Stufe in den weiten Boden der Käseralp, 1401 m, in einem bereits nahezu waldfreien Hochtal.

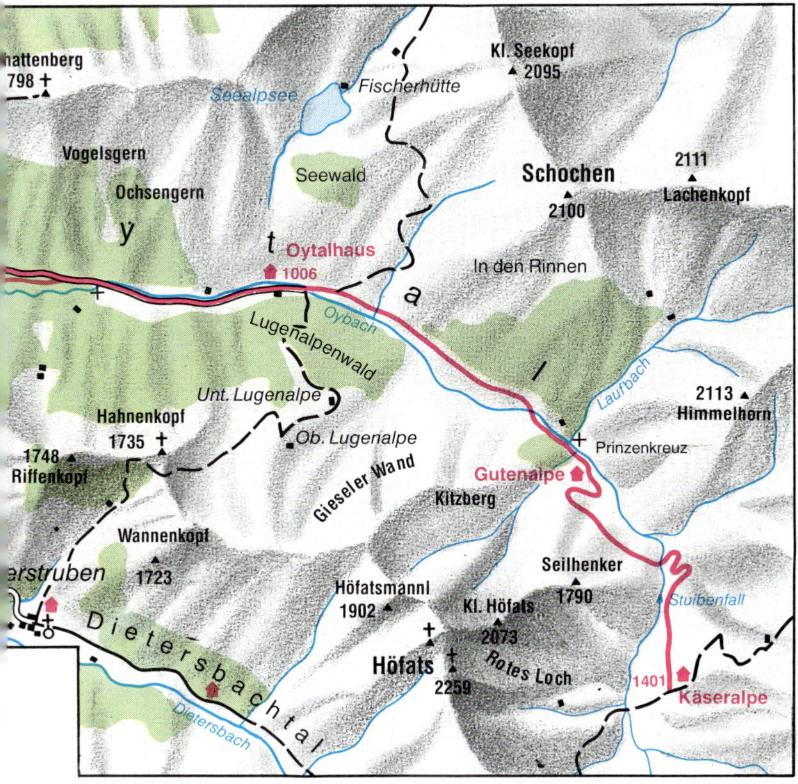

21 Gerstruben und Hahnenkopf

Felsschlucht, uralte Höfe und Super-Steilgrasberg

Dietersberg — Hölltobel — Gerstruben — Älpele — Hahnenkopf

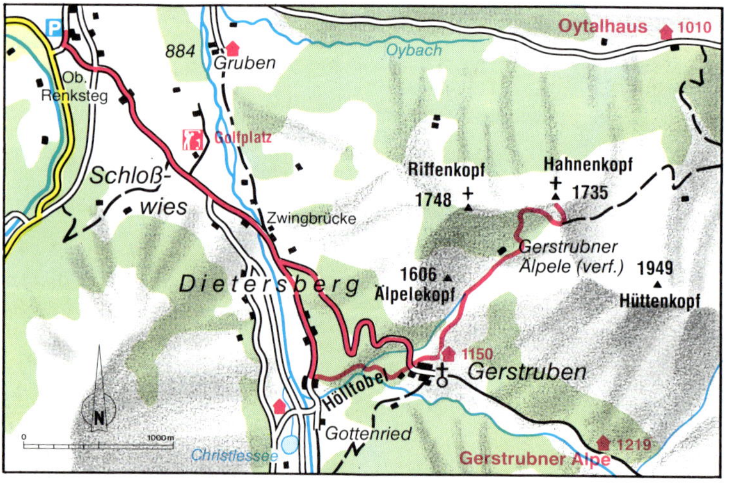

Talort: Oberstdorf, 813 m, berühmter Ferienort im großen Talkessel der Iller. Ganz zentrale Lage im Herzen des Allgäus.
Ausgangspunkt: Von Oberstdorf auf der großen Straße längs der Stillach zum Parkplatz Renksteg/Freibergsee.
Parkmöglichkeit: Waldparkplatz an der Abzweigung der Route von der Straße.
Gehzeiten: Parkplatz — Gerstruben 1.20 Std., Weiterweg zum Hahnenkopf 1.40 Std.
Anforderungen: Erst Straßen, dann gut angelegter Steig nach Gerstruben; zum Hahnenkopf jedoch kleinere Bergwege.
Höchste Punkte: Gerstruben, 1150 m, oder Hahnenkopf, 1735 m.
Einkehrmöglichkeit: Ghs. in Gerstruben.
Sehenswertes: Felsschlucht Hölltobel mit kleinen Wasserfällen; historische Höfe aus Holz in Gerstruben

Mit Recht gehört die erste Hälfte des Ausflugs zu den beliebtesten Wegen im Oberstdorfer Bereich. Die Kontraste sorgen für Abwechslung. Nach den weiten, sanften Wiesenflächen von Dietersberg folgt der Hölltobel, wo sich der Dietersbach tief zwischen den parallelen Gesteinsschichten eingeschnitten hat. Oben im engen Boden von Gerstruben am Fuß des berühmten Steilgrasberges Höfats, 2258 m, bewundert man die alten dunklen Bauernhöfe aus Holz. Der Weiterweg zum Hahnenkopf, einer Aussichtskanzel steil über dem Oytal, wird dann jedoch zu einer richtigen, schon etwas strengeren Bergwanderung.

Nach Gerstruben: Vom Parkplatz auf der Straße zum Golfplatz und über die Trettachbrücke (interessante Schlucht) hinüber nach Dietersberg. Nun entweder auf dem Teersträßchen nach Gerstruben hinauf oder dorthin – ungleich lohnender – auf dem gut ausgebauten Fußweg durch den Hölltobel, der erst 800 m weiter talein mitten in den Wiesen abzweigt.

Der Hahnenkopf: Auf dem Fußweg am Gasthaus vorbei und zum Waldrand hinauf. Zwischen Fichten und über freie Flächen in die Hochmulde des Gerstrubener Älpeles und in gleicher Richtung weiter zu einem Gratsattel. Nach rechts auf eine höhere Schulter und über eine ganz kurze Schneide auf den Gipfel.

Einer der historischen Höfe von Gerstruben.

22 Spielmannsau und Traufbergalpe

Beliebtes und Stilleres

Oberstdorf — Gruben — Dietersberg — Gottenried — Spielmannsau — evtl. Traufbergalpe — Inneres Traufbachtal

Talort: Oberstdorf, 813 m, berühmter Ferienort im großen Talkessel der Iller. Ganz zentrale Lage im Herzen des Allgäus.
Ausgangspunkt: Talstation der Nebelhornbahn im Osten des Ortes.
Parkmöglichkeit: Mehrere Parkplätze bei der Talstation.
Gehzeiten: Bis Spielmannsau 1¾ Std., Abstecher ins Traufbachtal bis zu 1 Std.
Anforderungen: Im Tal entweder Straßen oder bequeme Fußwege; im inneren Traufbachtal jedoch nur Trittspuren.
Höchste Punkte: Spielmannsau, 985 m, Hintere Traufbergalpe, 1210 m.
Einkehrmöglichkeiten: Ghs. in Gruben, am Christlessee und in der Spielmannsau.

Die Trettachspitze über dem Trettachtal im Morgenlicht.

Das für den öffentlichen Verkehr gesperrte Tal der Trettach ist zu jeder Jahreszeit einen Ausflug wert. Da der Einschnitt schnurgerade von Norden nach Süden verläuft, bleibt der Blick auf die großen Felsberge stets frei, auf die Zacken des Kratzers, 2428 m, auf den berühmten Kletterberg Trettachspitze, 2595 m. Dank der ganz bequemen Wege sind vor allem in der Urlaubszeit hier sehr viele Menschen unterwegs. Wer mehr das Stille liebt,

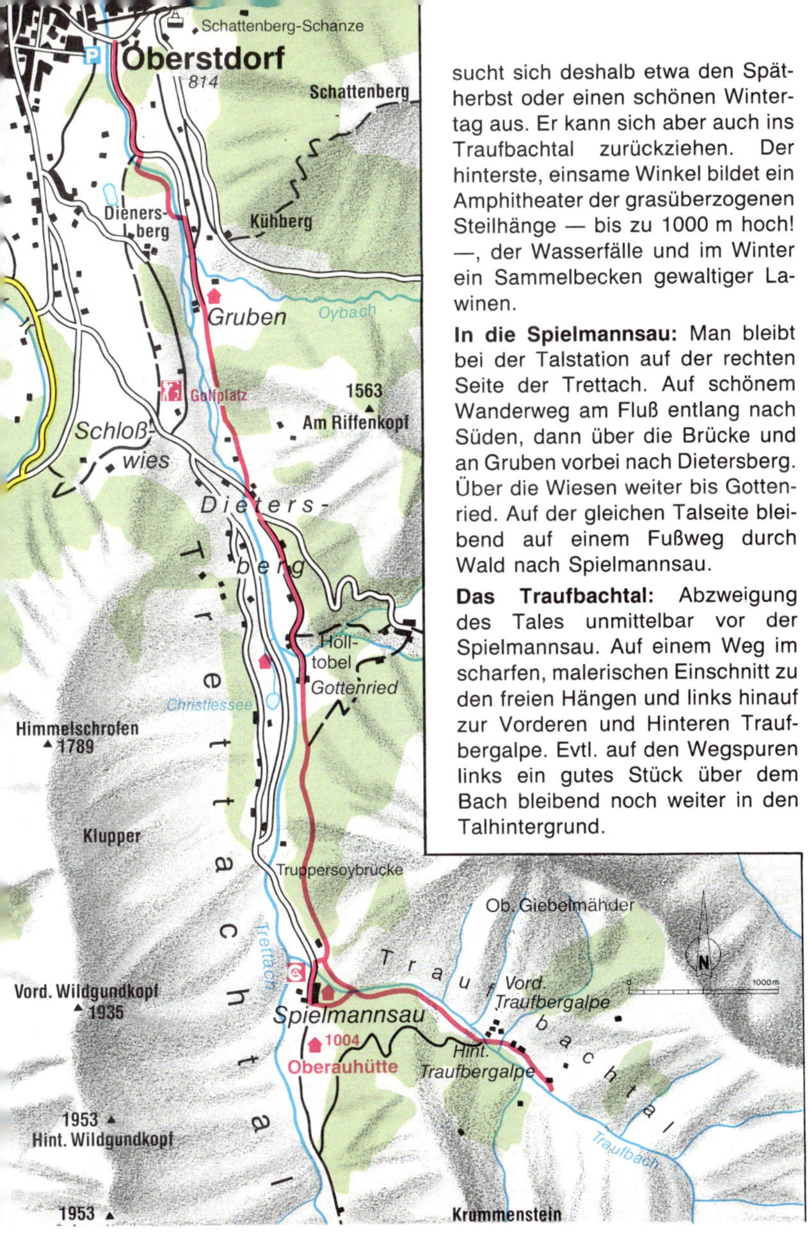

sucht sich deshalb etwa den Spätherbst oder einen schönen Wintertag aus. Er kann sich aber auch ins Traufbachtal zurückziehen. Der hinterste, einsame Winkel bildet ein Amphitheater der grasüberzogenen Steilhänge — bis zu 1000 m hoch! —, der Wasserfälle und im Winter ein Sammelbecken gewaltiger Lawinen.

In die Spielmannsau: Man bleibt bei der Talstation auf der rechten Seite der Trettach. Auf schönem Wanderweg am Fluß entlang nach Süden, dann über die Brücke und an Gruben vorbei nach Dietersberg. Über die Wiesen weiter bis Gottenried. Auf der gleichen Talseite bleibend auf einem Fußweg durch Wald nach Spielmannsau.

Das Traufbachtal: Abzweigung des Tales unmittelbar vor der Spielmannsau. Auf einem Weg im scharfen, malerischen Einschnitt zu den freien Hängen und links hinauf zur Vorderen und Hinteren Traufbergalpe. Evtl. auf den Wegspuren links ein gutes Stück über dem Bach bleibend noch weiter in den Talhintergrund.

23 Kemptner Hütte, 1844 m

Der Weg durch den Sperrbachtobel

Spielmannsau — Am Knie — Sperrbachtobel — Kemptner Hütte

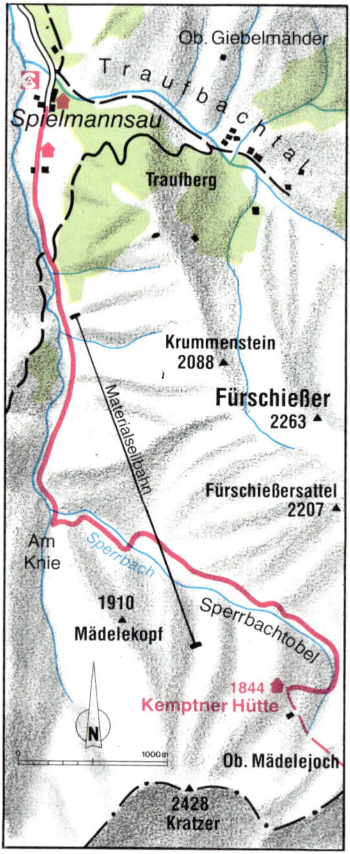

Talort: Oberstdorf, 813 m, berühmter Ferienort im großen Talkessel der Iller. Ganz zentrale Lage im Herzen des Allgäus.
Ausgangspunkt: Ghs. Spielmannsau, 985 m, zu Fuß vom Parkplatz am Renksteg $1^1/_4$ Std., oder Fahrt mit dem Stellwagen (Pferdekutsche) ab Oberstdorf.
Parkmöglichkeit: Beim Renksteg an der Straße Oberstdorf — Fellhornbahn.
Gehzeiten: $2^1/_2$ Std. Aufstieg ab Spielmannsau.
Anforderungen: Bergwege, bei Nässe rutschig, im Frühsommer Schneereste.
Höchster Punkt: Kemptner Hütte, 1844 m.
Einkehrmöglichkeit: Kemptner Hütte.
Sehenswertes: Besonders wilde und imposante Tobellandschaft.

Da das Tal von Spielmannsau für den öffentlichen Verkehr gesperrt ist, wäre eine Tagestour zur Kemptner Hütte recht weit. Doch mit etwas Überlegung läßt sich trotzdem eine Lösung finden; man kann etwa eine Nacht in der Spielmannsau schlafen, es gibt den Stellwagenverkehr, und auch ein Fahrrad bietet gute Dienste.
Selbst in den Allgäuer Alpen gehört ein Sperrbachtobel zu den wilden und eindrucksvollen Schluchten, ein Bereich echter Urtümlichkeit, in dem die Lawinen für das etwas wüste Aussehen sorgen. Da erwartet oberhalb niemand mehr so schöne, weite Bergmatten, wie die, auf denen dann das Tagesziel liegt. Die Kemptner Hütte ist ein Riesenbau mit 300 Schlafplätzen! Vor allem der berühmte Heilbronner Weg lockt viele Bergsteiger an.

Kratzer und Öfnerspitze oberhalb der Kemptner Hütte.

Der Hüttenanstieg: Über den fast ebenen Wiesenboden der Oberau in den Talschluß, dann am linken Hang entlang durch Wald und quer über einige Lawinenrinnen in den hintersten Winkel am Fuß der großen Steilhänge, wo die Trettach schluchtartig eingeschnitten ist. Bald nach einer Geländeschulter über den Sperrbach und über die Hänge „Am Knie“ in das linke der beiden Täler. Später wieder über den Bach und in dem scharfen Einschnitt — häufig Lawinenreste — längere Zeit aufwärts, bis das Tal allmählich umbiegt. Noch ein Stück gerade empor, dann nach rechts hinaus zur Hütte.

Wer noch über Kraftreserven verfügt, steigt ins Mädelejoch, 1971 m, hinauf (30 Min.; sehr schöner Blick auf den Großen Krottenkopf, 2656 m, höchster Gipfel der Allgäuer Alpen).

24 Waltenbergerhaus, 2084 m

Alpenvereinshütte in einem urtümlichen Felstal

Birgsau — Einödsbach — Bacherloch — Vorderes Bockkar — Waltenbergerhaus

Das Waltenbergerhaus, im Hintergrund der Alpgundkopf.

Talort: Oberstdorf, 813 m, berühmter Ferienort im großen Talkessel der Iller. Ganz zentrale Lage im Herzen des Allgäus.
Ausgangspunkt: Von Oberstdorf auf der großen Straße längs der Stillach talein bis unter die Fellhornbahn, 905 m.
Parkmöglichkeit: Große Parkplätze am Ende der öffentlichen Straße.
Gehzeiten: Parkplatz — Waltenberger haus 4 Std., Einödsbach — Waltenbergerhaus 2¾ Std.
Anforderungen: Bergwege in fast immer steilem Gelände, eine felsige Stufe mit Sicherungen, Schwindelfreiheit unbedingt notwendig.
Höchster Punkt: Waltenbergerhaus, 2084 m.
Einkehrmöglichkeiten: Ghs. in Einödsbach und Waltenbergerhaus.

Bacherloch heißt das Tal, durch das man das Waltenbergerhaus erreicht. Das Wort „Loch“ trifft exakt den Charakter dieses ungewöhnlich scharfen Einschnitts. Ohne alle Kare und flachen Absätze ziehen die Steilhänge und Felswände hinauf bis zu den berühmten Gipfeln, der Trettach, 2595 m, der Mädelegabel, 2645 m,... Mittendrin steht auf einem kleinen Absatz am Fuß des Hochfrottspitz-Westgrates diese kleine und damit noch heimelige Hütte. Wer also eindrucksvolle Landschaften liebt, kommt hier auf seine Rechnung. Die Tour sollte nicht bei Nässe und wegen der Schneefelder nicht zu früh im Jahr durchgeführt werden. Einige alpine Erfahrung ist notwendig.

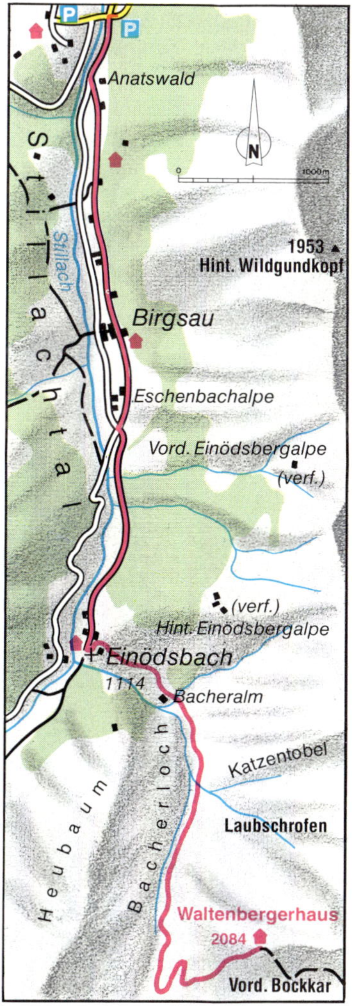

Der Hüttenanstieg: Vom Parkplatz auf dem linken, kleineren Sträßchen über Anatswald nach Birgsau, 950 m. Weiter nach Süden, bei der Verzweigung links und hinauf nach Einödsbach, 1114 m, mit großartigem Blick auf die Trettachspitze usw. Zwischen den Häusern hindurch und anfangs auf einem Absatz links oberhalb des Baches talein. Bald jedoch wird das Gelände steiler. In einem Bogen biegt das Tal nach Süden um und heißt dann Bacherloch. Stets auf der Ostseite bleibend weiter talein und dabei rasch aufwärts über die von den winterlichen Lawinen zerschundenen Steilhänge mit Gras und Buschwerk. Vor dem Schneeloch links empor, über eine steile, sehr ausgesetzte Stufe (Sicherungen) ins Vordere Bockkar und schließlich nach links zur Hütte.

25 Rappenseehütte, 2091 m

Die bekannteste Alpenvereinshütte

Birgsau — Einödsbach — Petersalpe — Enzianhütte — Rappenseehütte

Talort: Oberstdorf, 813 m, berühmter Ferienort im großen Talkessel der Iller. Ganz zentrale Lage im Herzen des Allgäus.
Ausgangspunkt: Von Oberstdorf auf der großen Straße längs der Stillach talein bis zur Fellhornbahn, 905 m.
Parkmöglichkeiten: Große Parkplätze vor und an der Talstation.
Gehzeiten: Parkplatz — Hütte 4 Std., Einödsbach — Hütte 2¾ Std.
Anforderungen: Sehr viel begangener Bergweg in teilweise ziemlich steilem Gelände.
Höchste Punkte: Rappenseehütte, 2091 m, Seebichel, 2110 m.
Einkehrmöglichkeiten: Enzian- und Rappenseehütte.
Sehenswertes: Bergsee mit imposantem Hintergrund.

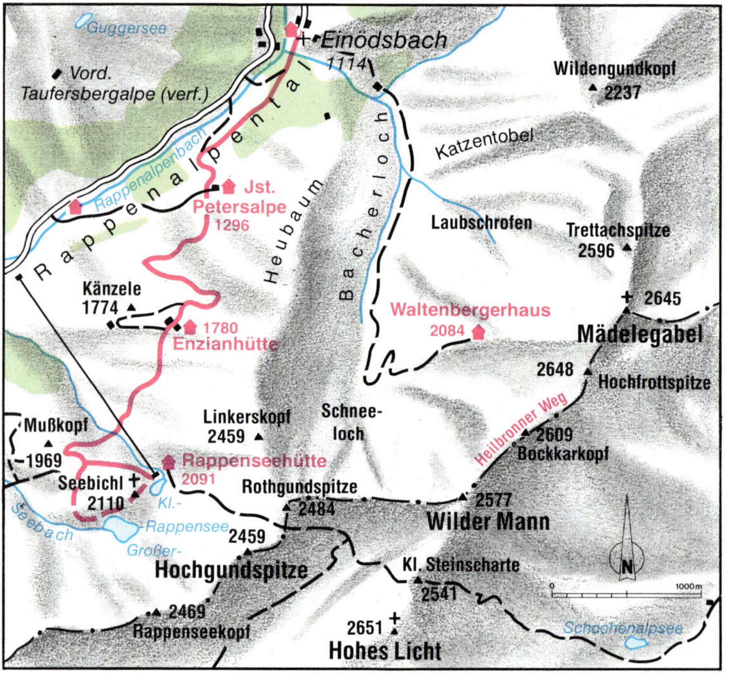

Die Hochgundspitze bei der Rappenseehütte.

Eine Zahl zeigt die Bedeutung der Rappenseehütte besonders eindringlich: Inclusive der Notlager gibt es dort oben nicht weniger als 422 Schlafplätze. Die freie Lage etwas oberhalb des gleichnamigen Sees trägt viel zum „Ruhm" bei, ungleich mehr aber noch lockt der Heilbronner Weg. Er dürfte der bekannteste mit Drahtseilen, Leitern usw. gesicherte Steig im gesamten Alpenraum sein. Natürlich darf diese Hütte als Ziel auch in unserem Büchlein nicht fehlen, obwohl der Anstieg etwa vier Stunden beansprucht. Man könnte allerdings mit dem Stellwagen bis Einödsbach fahren und so eine gute Stunde einsparen. Doch vielen widerstrebt es, sich von den Pferden die lange Steigung hinaufschleppen zu lassen.

Zur Rappenseehütte: Vom Parkplatz auf dem linken, kleineren Sträßchen über Anatswald nach Birgsau, 950 m. Weiter nach Süden, bei der Verzweigung links und hinauf nach Einödsbach, 1114 m, mit großartigem Blick auf die Trettachspitze usw. Über den Bach und noch ein Stück nach Südwesten, dann in Kehren hinauf zur Petersalpe. Durch sehr steiles Gelände zur Enzianhütte. Immer schräg nach rechts durch die Steilhänge auf den kleinen Kamm beim Mußkopf. Hinauf zur nahen Hütte. Kurz oberhalb liegt der Seebichel mit noch freierem Blick. Man kann auch bei dem Wegkreuz oberhalb des Mußkopfs den ganz kleinen Steig nach Süden benützen, um den Rappensee, 2047 m, und von dort die Hütte zu erreichen (lohnende Variante).

26 Guggersee und Einödsbach

Vis-à-vis von Trettachspitze und Mädelegabel

Birgsau — Scheidbühel — Guggersee — Taufersberg — Breitengern — Einödsbach — Birgsau

Der Griesgundkopf über dem Gebiet des Guggersees.

Talort: Oberstdorf, 813 m, berühmter Ferienort im großen Talkessel der Iller. Ganz zentrale Lage im Herzen des Oberallgäus.
Ausgangspunkt: Von Oberstdorf auf der großen Straße längs der Stillach talein bis zur Fellhornbahn.
Parkmöglichkeiten: Große Parkplätze vor und an der Talstation.
Gehzeiten: Parkplatz — Guggersee 2¾ Std.; Rückweg über Einödsbach etwa 45 Min. länger.
Anforderungen: Kleine und recht steinige Bergwege mit kräftiger Steigung.
Höchste Punkte: Guggersee, 1710 m, Vorderer Taufersberg, 1727 m.
Einkehrmöglichkeiten: Ghs. in Einödsbach, Birgsau und Anatswald.
Sehenswertes: Grandioses Bergpanorama.

Der Guggersee ist lediglich ein bescheidener Tümpel hoch oben in der Südostflanke des Alpgundkopfs, den man zudem nur auf einem kleinen und reichlich steinigen Steig über hohe und steile Hänge erreicht. Trotzdem gehört diese Tour zu den besonders schönen in den Allgäuer Alpen

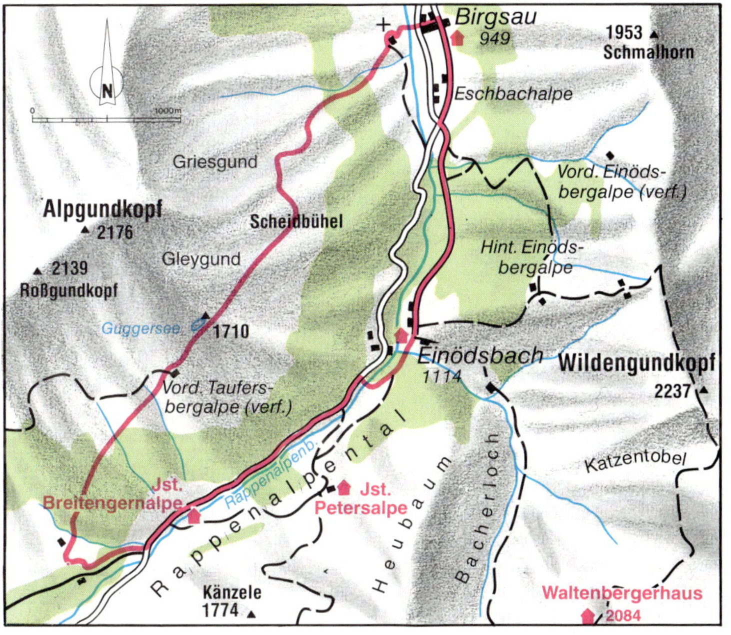

dank des wirklich grandiosen Blickes quer über das Rappenalptal auf die berühmten Gipfel des Heilbronner Wegs, auf die Trettachspitze, 2595 m, und die Mädelegabel, 2645 m. Den Rückweg kann man mit einem Besuch von Einödsbach verbinden, dem südlichsten ganzjährig bewohnten Weiler in Deutschland.

Zum Guggersee: Vom Parkplatz auf der Hauptstraße bis 200 m vor Birgsau. Hier rechts über die Stillach und über die Wiesen in ein steiniges Bachtal. Weiter oben links über die steile Böschung in den Hochwald und rasch aufwärts. Dann in teilweise freiem Gelände, teilweise zwischen Buschwerk und Latschen über Hänge und durch Gassen zum Guggersee mit vollkommen freiem Blick.

Abstiegsmöglichkeit: Vom See weiter zur nahen Taufersbergalpe. Bei der Wegverzweigung links weit hinab ins Breitengern im Rappenalptal. Auf dem Fahrweg 2 km talaus, dann rechts über den Bach und hinüber nach Einödsbach, 1114 m. Auf dem üblichen Weg über Birgsau (ziemlich weit) zurück zum Parkplatz.

27 Fiderepaß, 2035 m

Die Hütte unter den Schafalpenköpfen

Fellhorn — Roßgund — Kühgundalpe — Fiderepaß — Hütte — Vorderwildenalpe — Wildental — Schwendle — Mittelberg

Talort: Oberstdorf, 813 m, berühmter Ferienort im großen Talkessel der Iller, zentrale Lage im Herzen des Allgäus.
Ausgangspunkt: Von Oberstdorf auf breiter Straße längs der Stillach talein bis zur Fellhornbahn, 905 m, Busverkehr.
Parkmöglichkeit: Großer Parkplatz an der Talstation.
Gehzeiten: Gut 2 Std. von der Bergbahn zum Paß, Abstieg durchs Wildental ebenfalls 2 Std.
Anforderungen: Ordentliche Bergwege.
Einkehrmöglichkeiten: Restaurant an der Bergstation, Fiderepaßhütte.

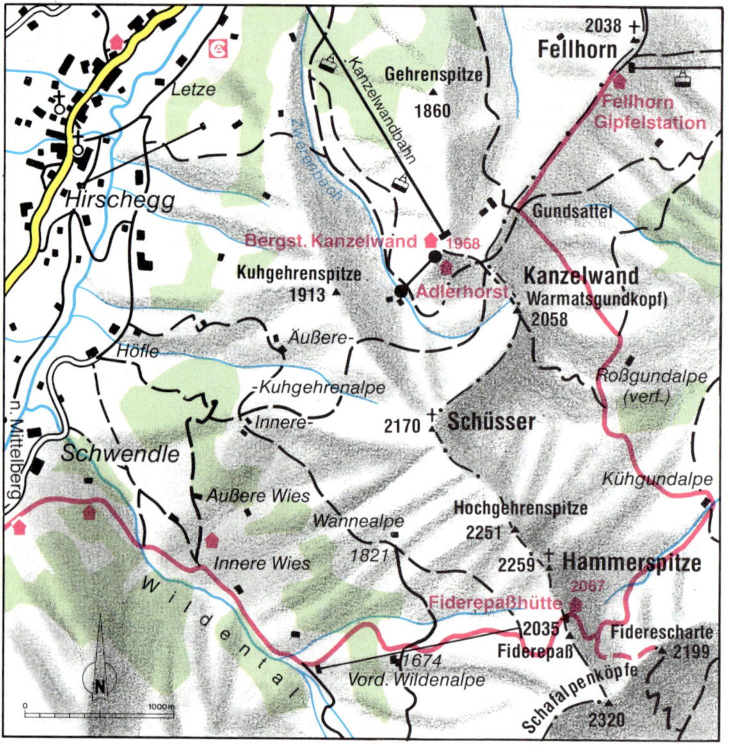

Wildental und Schafalpenköpfe.

Die perfekten Fremdenverkehrseinrichtungen der Region — es fahren Busse von Oberstdorf sowohl zur Talstation der Fellhornbahn als auch nach Mittelberg im Kleinwalsertal — machen diese großzügige Rundtour erst möglich. Während des gesamten Weges bleiben die Ausblicke auf die wilden Felsberge rundum völlig frei, so ist die Route besonders abwechslungsreich. Genau in der Mitte wartet die Fiderepaßhütte auf die Gäste.

Zugang: Von der Bergstation der Fellhornbahn auf breitem Weg längs des Grates hinab in den tiefsten Sattel vor der Kanzelwand. Nun links um einen Bergrücken herum in die Roßgund und weiterhin quer durch die Hänge zur Kühgundalpe, 1745 m. Durch das Hochtal auf Gras und verwitterten Schiefern zum Fiderepaß und zur Hütte, 2067 m, rechts oberhalb. Interessanter Abstecher über Geröllhänge zur Fiderescharte, 2199 m, am Beginn des beliebten Mindelheimer Klettersteigs, 25 Min.

Abstieg: Von der Hütte wieder in den Paß und über die Böden nach Westen zu einer ersten Steilstufe. Durch die folgende Grasmulde, dann links am Hang zur großartig auf einem Geländevorsprung gelegenen Vorderwildenalpe. Blick auf den gesamten Kamm von den Schafalpenköpfen bis zum Elferkopf. Auf dem guten Weg über die hohe Steilstufe ins Wildental hinab. Rechts des Baches talaus zu den Wiesalpen, hinab zur Brücke und auf der anderen Seite quer durch den Wald zu den Häusern von Schwendle. Hinab zur Breitach und drüben empor nach Mittelberg. Mit dem Bus zurück nach Oberstdorf.

28 Kanzelwand, 2058 m, Schüsser, 2170 m

Touren mit Steigerungsmöglichkeiten

Kanzelwandbahn — Kanzelwand — Verbindungsgrat — Schüsser — Bahn

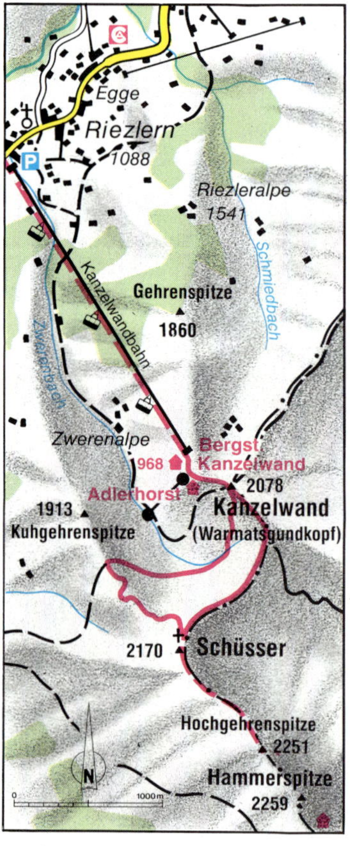

Talort: Riezlern, 1086 m, berühmter und besonders lebhafter Ort im Kleinwalsertal, der ganz auf den Fremdenverkehr ausgerichtet ist.
Ausgangspunkt: Talstation der Kanzelwandbahn im Westen von Riezlern.
Parkmöglichkeit: Bei der Talstation.
Gehzeiten: Kanzelwand ½ Std., Schüsser ab Bahn 1 Std., Rundtour 1¾ Std.
Anforderungen: Zur Kanzelwand guter Weg, am Schüsser wesentlich kleinere Steige in teilweise steilem Gelände.
Höchste Punkte: Kanzelwand, 2058 m, Schüsser, 2170 m, evtl. Nördliche Hammerspitze, 2251 m.
Einkehrmöglichkeit: An der Bergstation der Bahn.

Ein wenig Verwirrung: Die Kanzelwandbahn endet auf dem Gundkopf, die Kanzelwand selbst ist der nächste Gipfel im Grat, der aber auch Warmatsgundkopf heißt, und schließlich nennen die Walsertaler den Schüsser Hammerspitze und geben dafür den beiden Hammerspitzen die Namen Hochgehrenspitze und Schüsser. Wegen der Formen sollte man jedoch unbedingt bei dem Namen Schüsser für den Gipfel von 2170 m Höhe bleiben. Zu den besonderen Merkmalen dieser Touren im Kanzelwandgebiet gehört Viererlei: Kurze Anstiege, eindrucksvolle Tiefblicke, eine interessante Felsszenerie im Süden und schließlich die ungewöhnliche Möglichkeit, sich zu steigern. Bei den vier Gipfeln im Kamm ist nämlich immer der folgende etwas anspruchsvoller als der vorausgegangene.

Zur Kanzelwand (Warmatsgundkopf): Von der Bergstation auf breitem Weg in den nahen Sattel hinab, dann rechts durch den Hang in eine Scharte im Hauptkamm und nach links auf den Gipfel der Kanzelwand.

Schüsser-Rundtour: Von der oben erwähnten Scharte auf kleinem Steig in den folgenden Sattel hinab und längs des teilweise etwas felsigen Grates auf den Schüsser. Von dort Abstecher auf die Nördliche Hammerspitze, 2251 m, über ein sehr schuttreiches Steiglein möglich, 35 Min. Abstieg vom Schüsser anfangs wieder über den Grat wie beim Aufstieg, dann durch die linke Steilflanke hinab auf den Kamm vor der Kuhgehrenspitze. Nach rechts in die Hochmulde und wieder etwas aufwärts zur Bergstation der Kanzelwandbahn.

Der Schüsser (bei den Walsern Hammerspitze genannt).

29 Über den Fellhornkamm

Panoramaweg und Blumenparadies

Schönblick — Söllereck — Schlappoltkopf — Fellhorn — Kanzelwand

Talort: Riezlern, 1086 m, bekannter und lebhafter Ort im Kleinwalsertal, der ganz auf Fremdenverkehr ausgerichtet ist.
Ausgangspunkt: Kornau, 1030 m, an der Straße von Oberstdorf ins Kleinwalsertal, Talstation der Söllereckbahn.
Parkmöglichkeit: Plätze an der Straße unter der Talstation.
Gehzeiten: Gesamter Grat im Aufstieg 3½ Std., im Abstieg 2½ Std.
Anforderungen: Gratwege, bei Nässe rutschig.
Höchste Punkte: Schlappoltkopf, 1968 m, Fellhorn, 2038 m.
Einkehrmöglichkeiten: Gaststätten am Schönblick, Fellhorn und an der Kanzelwandbahn.
Sehenswertes: Besonders reiche Flora.

Blick von Norden auf das Fellhorn.

Der mächtige Grat zwischen Kleinwalser- und Stillachtal wird aus dem Gestein Flysch aufgebaut. Deshalb ist er besonders üppig mit Buschwerk, Gras und unzähligen Blütenpflanzen überwuchert. Und damit wird die Überschreitung auf dem kleinen Steig vor allem im Juni zu einem Erlebnis ganz besonderer Art. Die Tour bei der niedrigen Bergstation zu beginnen, um dann zur wesentlich höheren aufzusteigen, mag im ersten Moment unsinnig erscheinen. Doch zweierlei spricht dafür: Die stete Steigerung der Eindrücke und die Tatsache, daß die großen Felsberge immer vor und nicht hinter einem liegen. Wer es sich also kräftemäßig leisten kann, beginnt mit dem Söllereck. Und auch die Talfahrt mit der Kanzelwandbahn statt mit der Fellhornbahn hat ihren Grund: so kann man leichter zu seinem Auto zurückkehren.

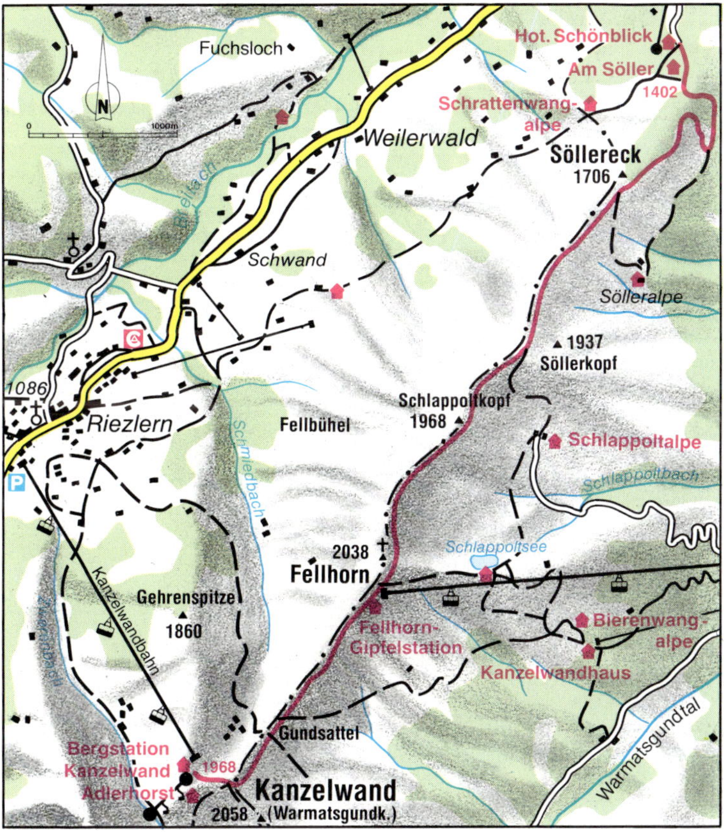

Die Gratüberschreitung: Mit dem Lift zur Bergstation am Schönblick, 1350 m. Auf dem oberen Weg schräg durch die Waldhänge nach Osten, dann im spitzen Winkel wieder zurück und über den Grat zum Söllereck, 1706 m. Auf der Schneide, am Schluß über einen steileren Aufschwung auf den Westlichen Söllerkopf, 1925 m. Stets weiter dem immer gewaltigeren Grat folgend über den Schlappoltkopf, 1968 m, auf das dominierende Fellhorn, 2038 m. An der Gipfelstation der Fellhornbahn vorbei in einen tiefen Sattel hinab und nach kurzem Gegenanstieg zur Kanzelwandbahn.

30 Bärgunt und Hochalpe

Der historische Weg

Baad — Bärgunthütte — Bärgunttal — Hochalppaß — evtl. Widdersteinalpe

Talort: Baad, 1244 m, letztes Dorf im hier etwas engen Kleinwalsertal.
Ausgangspunkt: Start zur Tour am Parkplatz unterhalb des Ortes.
Parkmöglichkeit: Parkplatz gleich unter dem Ort an der Talverzweigung.
Gehzeiten: Baad — Bärgunthütte 40 Min., Baad — Hochalppaß 2¾ Std., Baad — Widdersteinalpe 3¼ Std.

Anforderungen: Erst breiter Talweg, dann ordentliche Fußsteige, evtl. Bergwege unter dem Widderstein.
Höchste Punkte: Hochalppaß, 1938 m, evtl. Widdersteinalpe, 2009 m.
Einkehrmöglichkeit: Ghs. Bärgunthütte, evtl. Widdersteinalpe.
Sehenswertes: Gewaltige Felsszenerien am Widderstein.

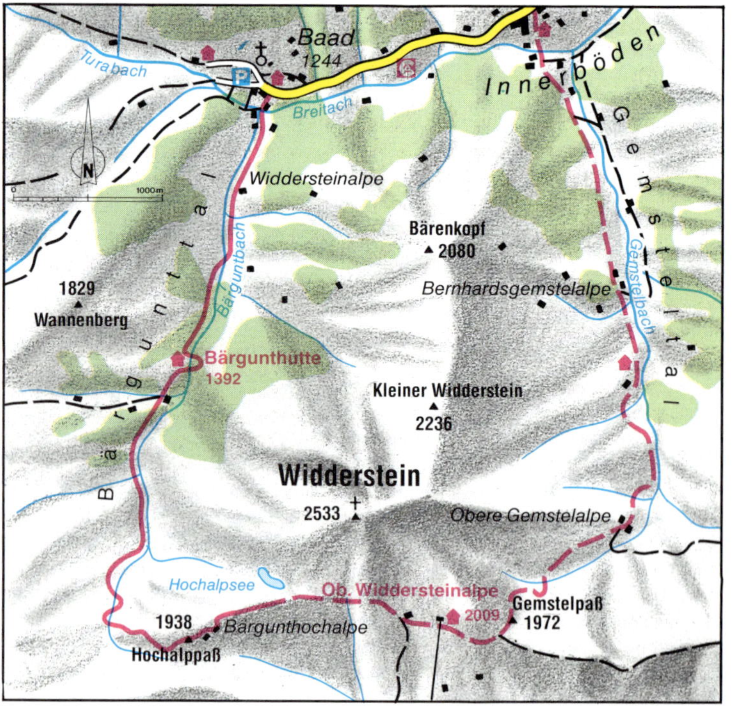

Widderstein-Südflanke, durch die der Gipfelanstieg führt.

Drei Seitenäste führen vom Kleinwalsertal nach Süden. Der oberste ist unser Bärgunttal, dem einige historische Bedeutung zukommt. Um das Jahr 1300 wurde nämlich das Gebiet nicht aus dem Tal(!), sondern von Südwesten über Hochtannberg und Hochalppaß von Alemannen aus dem Wallis besiedelt. Dies ist auch der Ursprung des Wortes Walsertal.
Als Trutzburg mit Felsabstürzen bis zu 1000 m Höhe beherrscht der Widderstein, 2533 m, die Region. Auch unser Weg verläuft gleichsam in seinem Schatten, ja, Gehstarke können den Berg sogar vollkommen umrunden.

Zum Hochalppaß: Vom Parkplatz auf dem breiten Weg in dem sehr scharf eingeschnittenen Tal zum Ghs. Bärgunthütte. Weiter nach Süden talein in der typischen Steilgraslandschaft des Allgäus. Rechts an einem ersten Felsriegel vorbei, dann knapp links des Baches über eine zweite, höhere Stufe. Bald danach biegt das Tal scharf nach Osten ab und führt als Grasmulde zum Hochalppaß, der nur einen mäßigen Ausblick bietet. Deshalb sollte man auf jeden Fall noch zur nahen Bärgunt-Hochalpe aufsteigen.

Die große Rundtour: Von der Hochalpe über den herrlich freien Grasrücken bis unter den Felsfuß des Widdersteins. Jetzt quer durch die Hänge nach Osten zur bewirtschafteten Widdersteinalpe, 2009 m. Hinüber in den nahen Gemstelpaß, 1972 m. Durch das eindrucksvolle Gemsteltal nach Norden hinab, unterhalb des zweiten Bodens über eine hohe Steilstufe. Dann meist flach talaus nach Mittelberg/Innerböden. Zu Fuß oder mit dem Bus zurück nach Baad.

31 Grünhorn, 2039 m

Höhenwanderung vom Walmendingerhorn

Walmendingerhorn — Lüchlealpe — Ochsenhofer Scharte — Grünhorn — Starzeljoch — Turaalpen — Baad

Die Ochsenhofer Köpfe über der Stierhofalpe.

Talort: Mittelberg, 1215 m, weit verstreuter Ferienort im inneren Kleinwalsertal, gewaltige Bergkulisse.
Ausgangspunkt: Talstation der Walmendingerhorn-Bahn am Ende der Walserstraße.
Parkmöglichkeit: An der Talstation.
Gehzeiten: Bahn — Grünhorn 1¾ Std., Abstieg 1½ Std.; Grattour bis zum Grünhorn ca. 3 Std.
Anforderungen: Bergwege meist über Weideböden, bei Nässe schmierig; bei der Grattour nur ganz kleine Steige, etwas Trittsicherheit notwendig.
Höchste Punkte: Grünhorn, 2039 m; evtl. Walmendingerhorn, 1990 m; Lüchlekopf, 1989 m.
Einkehrmöglichkeiten: Gaststätte an der Bergstation, Gasthäuser in Baad.
Sehenswertes: Reiche Flora.

Das Walmendingerhorn steil über Mittelberg begeistert mit einem besonders schönen Panorama. Schnurgerade zieht der Grat von dort 4 km weit nach Westen bis zum Grünhorn. Er besteht ganz aus dem Gestein Flysch und ist deshalb üppig bewachsen. Über die südlich vorgelagerten Weideböden führt ein guter Wanderweg, ein kleiner Steig klimmt bis zum Grünhorn hinauf. Doch wer eine ganz individuelle Route schätzt, folgt stets dem Grat selbst und überschreitet seine drei Gipfel.

Zum Grünhorn: Von der Bergstation in einem Bogen hinab zur Muttelbergalpe. Um einen Geländerücken herum zur Äußeren Stierhofalpe und schräg durch die Hänge in die Ochsenhofer Scharte, 1850 m. Auf einem Steig ziemlich gerade auf den Gipfel. Abstieg nach Süden ins Starzeljoch und von dort zur Starzelalpe. Durch das tief eingeschnittene Turatal hinaus nach Baad und zu Fuß oder mit dem Bus zurück nach Mittelberg.

Die Grattour: Schon vor der Muttelbergalpe auf den Grat. Man folgt ihm stets über den Lüchlekopf, 1989 m, und die beiden Ochsenhofer Köpfe, 1950 m, in die Ochsenhofer Scharte.

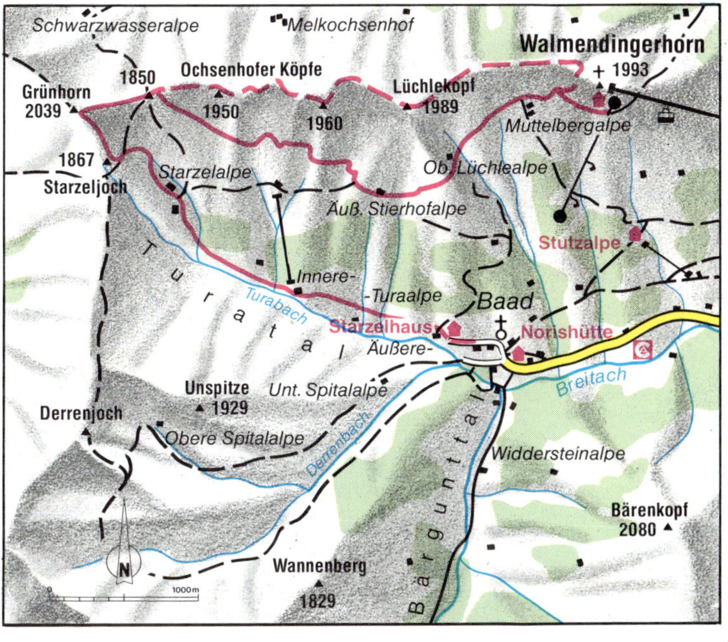

32 Schwarzwasserhütte, 1620 m

Gemütliche Wanderung unter dem Hohen Ifen

Auenhütte — Galtöde — Melköde — Schwarzwasserhütte — evtl. Steinmannl

Talort: Riezlern, 1086 m, bekannter und besonders lebhafter Ort im Kleinwalsertal, der ganz auf den Fremdenverkehr ausgerichtet ist.
Ausgangspunkt: Auenhütte, 1275 m, im Schwarzwassertal; ordentliche Straße, Abzweigung direkt hinter der Breitachbrücke zwischen Riezlern und Hirschegg.
Parkmöglichkeit: Bei der Auenhütte.
Gehzeiten: 1½ Std. Aufstieg, evtl. 1 Std. zum Steinmannl.
Anforderungen: Gute Wege, zum Steinmannl jedoch nur ganz kleiner Steig.
Höchster Punkt: Schwarzwasserhütte, 1620 m, evtl. Steinmannl, 1981 m.
Einkehrmöglichkeit: Schwarzwasserhütte des Alpenvereins.

Hohe Künzel und Zitterklapfen aus dem Schwarzwassergebiet.

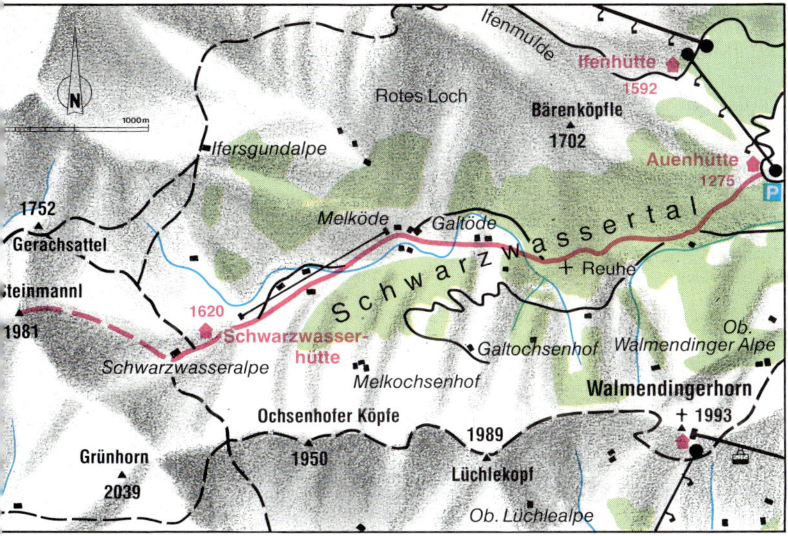

Unterhalb von Riezlern zweigt ganz unauffällig das Schwarzwassertal ab, der mit Abstand längste Nebenast des Kleinwalsertals. Bis zur Auenhütte kann man mit dem Auto fahren, dann wandert man zu Fuß hinein zu den weiten Wiesenböden der Galtöde, über der die felsübersäten Riesensteilhänge des Hohen Ifen, 2229 m, aufragen. Und wieder eine Stufe höher liegt auf sanften Weideflächen in einer eher lieblichen Umgebung die Schwarzwasserhütte. Durch den besonders üppigen Pflanzenwuchs — deshalb auch der Name Grünhorn — wirken die Berge harmloser, als sie wirklich sind. Das Gestein Flysch sorgt nicht nur für diese reiche Vegetation sondern auch für sehr steile Hänge. Trotzdem läßt sich das Steinmannl gut besteigen.

Hüttenweg: Hinter den Gebäuden nach Westen auf einen nahen Wiesensattel und drüben leicht abwärts zum Schwarzwasser. Auf dem kleinen Fahrweg durch eine nette Block- und Waldlandschaft zu den schönen, freien Feuchtwiesen der Galt- und der Melköde. Von deren Westende auf gutem Fußweg empor zur Hütte.

Abstecher Steinmannl, 1981 m: Auf dem genau bei der Hütte beginnenden Gratrücken nach Westen empor, dann nach links auf den Gipfel mit Kreuz. Sehr schöner Blick auf das Zitterklapfengebiet über dem inneren Bregenzerwald.

33 Hoher Ifen, 2229 m

Das Felspult über dem Gottesacker

Auenhütte — Ifenhütte — Ifenmulde — östliche Mauer — Hoher Ifen

Talort: Riezlern, 1086 m, bekannter und besonders lebhafter Ort im Kleinwalsertal, der ganz auf Fremdenverkehr ausgerichtet ist.
Ausgangspunkt: Auenhütte, 1275 m, im Schwarzwassertal; ordentliche Straße ab Breitachbrücke zwischen Riezlern und Hirschegg.
Parkmöglichkeit: Großparkplatz bei der Auenhütte.
Gehzeiten: Ifenhütte — Hoher Ifen 2 Std., zum Hahnenköpfle 1½ Std.
Anforderungen: An der Ifenmauer hohe Steilstufe mit gut angelegtem Steig (Drahtseile), doch ziemlich ausgesetzt, nur für Geübte.
Höchste Punkte: Hoher Ifen, 2229 m; Hahnenköpfle, 2143 m.
Einkehrmöglichkeit: Ifenhütte.
Sehenswertes: Schöne Karstlandschaft.

Den Hohen Ifen kann man als ungewöhnlichsten Allgäuberg einstufen. Eine grüne, sanft nach Süden geneigte Fläche stürzt auf allen Seiten mit zwar niedrigen, doch oft senkrechten Wänden ab. Im Norden ist ihm zudem eine kilometerweite Karstfläche vorgelagert, die wegen der fehlenden Vegetation als Gottesacker bezeichnet wurde. Schrattenkalk nennt man dieses ungewöhnliche Gestein nach dem alemannischen Wort Schratten, das der Bezeichnung Karren entspricht.
Wem die Besteigung des Ifen über die Steilstufe zu anspruchsvoll ist, gibt sich mit dem harmlosen Hahnenköpfle zufrieden.

Normalweg auf den Hohen Ifen: Von der Auenhütte mit dem Sessellift zur Ifenhütte, 1586 m. Über einen Grashang zu einem kleinen Rücken im Gelände, über dem im Westen die Ifenmauer aufragt. Auf dem Rücken entlang, dann links in der Ifenmulde bis ins blockgefüllte Kar. Jetzt steil im Ge-

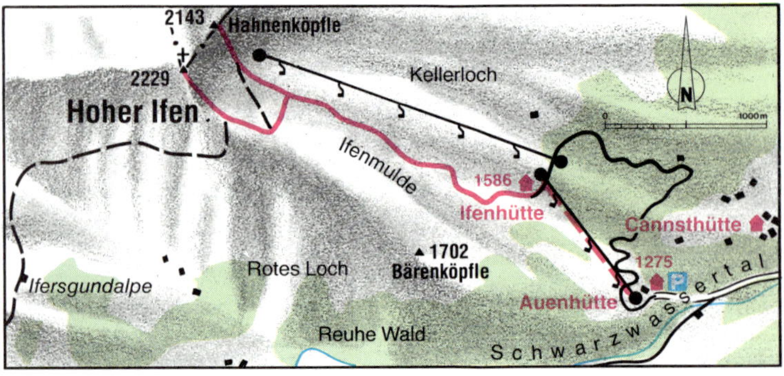

Die Ifenmauer beim Aufstieg zum Hohen Ifen.

röll zu den Felsen hinauf und etwas nach links im grasdurchsetzten Steilgelände in eine Lücke, hinter der man auf erstaunlich weite Mattenhänge trifft. Über diese bequem zum Gipfelkreuz. Von dort grandioser Tiefblick auf den Gottesacker und weitreichende Fernsicht.

Rückweg: Auf der gleichen Route.

Aufstieg zum Hahnenköpfle: Das kleine Gipfelchen liegt am Nordfuß der Ifenabstürze und am Oberende des Gottesackers. Wo der Aufstieg zum Hohen Ifen zu den Geröllhängen hinüberführt, bleibt man rechts und steigt nach Nordwesten zum unauffälligen Gipfel hinauf.

34 Rund um die Kackenköpfe

Hörnlepaß und Rohrmoos

Gasthaus Hörnlepaß — Osterbergalpe — Moos — Scheidtalalpe — Rohrmoos — Gatterschwang — Hörnlepaß — Gasthaus Hörnlepaß

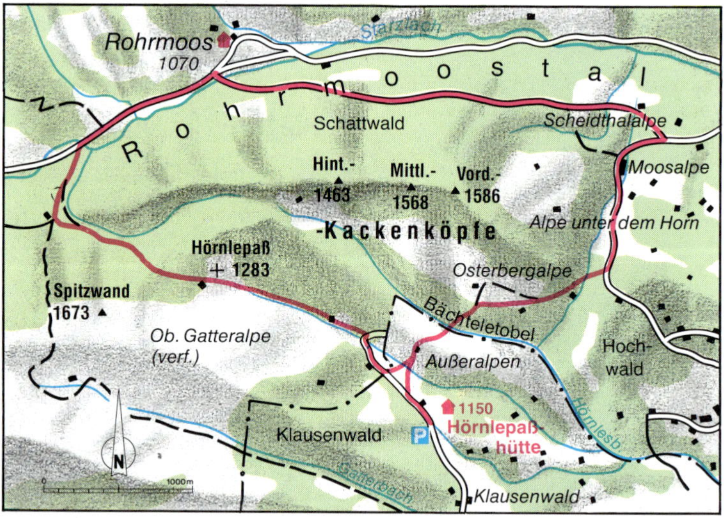

Talort: Riezlern, 1086 m, bekannter und besonders lebhafter Ort im Kleinwalsertal, der ganz auf den Fremdenverkehr ausgerichtet ist.
Ausgangspunkt: In Riezlern über die neue Breitachbrücke nach Schwende, bei der Verzweigung vor der Kirche rechts und auf kleinen Straßen zum Ghs. Hörnlepaß, 1160 m.

Parkmöglichkeit: Parkplatz beim Ghs. Hörnlepaß.
Gehzeiten: Bis Rohrmoos 1½ Std., Rückweg 1¾ Std.
Anforderungen: Nur kurze Passagen auf kleinen Wegen, sonst Forststraßen.
Höchster Punkt: Hörnlepaß, 1283 m.
Einkehrmöglichkeiten: Ghs. Hörnlepaß und Ghs. in Rohrmoos.

Falls Sie eine Abneigung gegen Forststraßen haben, sollten Sie sich eine andere Tour aussuchen. Unser Rundkurs gehört — gerade wegen der Fahrwege — zu den gemütlichen Ausflügen, es gibt auch nur relativ wenige und zudem kürzere Steigungen.
Die Kackenköpfe, 1560 m, sind jenes dunkle, ganz allein aufragende Massiv, das mit steilen Waldhängen nach Süden abfällt, gegen Rohrmoos je-

doch kleine, aber senkrechte Wände zeigt. Dieses Gebiet ist ein gutes Gegenbeispiel zum angeblichen Ausverkauf der Berge: Die Kackenköpfe und die gegenüberliegende Weiße Platte, 1673 m, werden nahezu nie bestiegen.

Über die Osterbergalpe nach Rohrmoos: Vom Ghs. Hörnlepaß auf der Straße nach Nordwesten. Bei einer scharfen Kurve Abzweigung eines Fußwegs rechts hinab zum Bach und drüben empor auf die feuchten Blumenwiesen von Außeralpen. Über Bretter und Bohlen zu einem zweiten, scharf eingeschnittenen Graben, dem Bächteletobel. Auf der Osterbergalpe trifft man dann auf eine Straße. Auf ihr hinab ins Moos, dort nach Norden zur Verzweigung. Jetzt im spitzen Winkel nach links, an der Scheidtalalpe vorbei und quer durch die Nordhänge der Kackenköpfe — stets auf der Straße — nach Rohrmoos.

Rückweg über den Hörnlepaß: Etwa 20 Min. auf der Talstraße nach Westen, dann auf einem Weg nach Süden durch Wald zu einer anderen Straße. Auf ihr nach links und über den anschließenden Weg zum Hörnlepaß, 1283 m, empor. Sanft abwärts zum Ausgangspunkt zurück.

Die Unteren Gottesackerwände über dem Talboden bei Rohrmoos.

35 Piesenkopf, 1630 m

Einsamer Berg der Moore und Blumen

Rohrmoos — Piesenalpe — Piesenkopf; oder Rohrmoos — Toniskopfalpe — Ziebelmoos — Piesenkopf

Talort: Tiefenbach, 887 m, Ferienort nordwestlich von Oberstdorf, malerisch auf kleinen Wiesenböden und in Hochtälchen verstreut.
Ausgangspunkt: Rohrmoos, 1070 m, Weiler im ganz einsamen gleichnamigen Tal, neu ausgebaute Straße von Tiefenbach, Münzautomat für die Mautkarte.
Parkmöglichkeit: Großer Parkplatz in Rohrmoos.
Gehzeiten: Direkter Anstieg 1½ Std., Aufstieg über Toniskopfalpe 2½ Std.
Anforderungen: Fahrweg, dann ohne Steig über Matten, keine Schilder und Markierungen.
Höchster Punkt: Piesenkopf, 1630 m.
Einkehrmöglichkeit: Ghs. in Rohrmoos.
Sehenswertes: Holzkapelle in Rohrmoos von 1586 mit Ausmalung aus dieser Zeit.

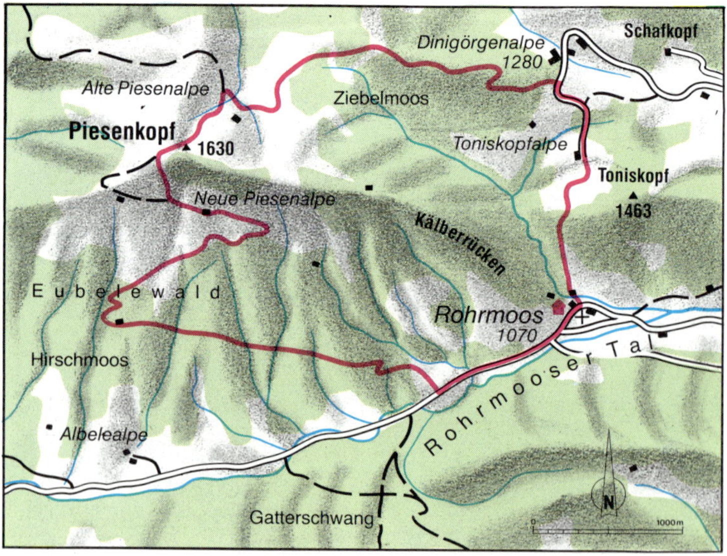

Durch den etwas rücksichtslosen Bau von Teerstraßen hat das Gebiet von Rohrmoos verloren, obwohl das die besonders schöne Bergkulisse mit den kilometerbreiten Gottesackerwänden natürlich nicht verändert hat. Der Piesenkopf mit seinen vielen blumenreichen Sumpfwiesen wird selten aufge-

Toniskopfalpe, im Hintergrund der Schafkopf beim Besler.

sucht. Dabei bietet die Südroute keine Probleme, nur für unsere zweite Möglichkeit benötigt man Orientierungsvermögen.

Die Südroute: Von Rohrmoos auf der Talstraße 15 Min. nach Westen zur Abzweigung einer Forststraße. Auf ihr in sehr langgezogenen Schleifen durch lichten Wald, dann über freie Hänge zur Neuen Piesenalpe. Über Matten zu einem Kapellchen und ohne Weg in der gleichen Richtung weiter zum Westgrat. Auf ihm etwas steiler zum schmalen Gipfel.

Die Ostroute: Vom Parkplatz auf kleinem Steig gerade über die Wiese nach Norden empor zum Waldrand und weiter zur Toniskopfalpe. In einem Bogen auf die andere Bachseite, wo in der Nähe der Kindsbangetalpe nach oben ein geteerter Forstweg abzweigt. Auf ihm erst aufwärts, dann eben bis an den Rand des freien Ziebelmooses. Über die nassen Blumenwiesen erst nach Westen, dann nach Südwesten — ohne Weg — zur Alten Piesenalpe. Auf einem Steig über die Hänge ziemlich gerade zum Gipfel empor. Bester Abstieg auf der Südroute.

36 Jägersberg und Judenkirche

Interessante Landschaft im Talbereich

Langenwang — Jägersberg — Judenkirche — Tiefenbach — Burgberg — Breitach — Reute — Schlechten — Oberstdorf

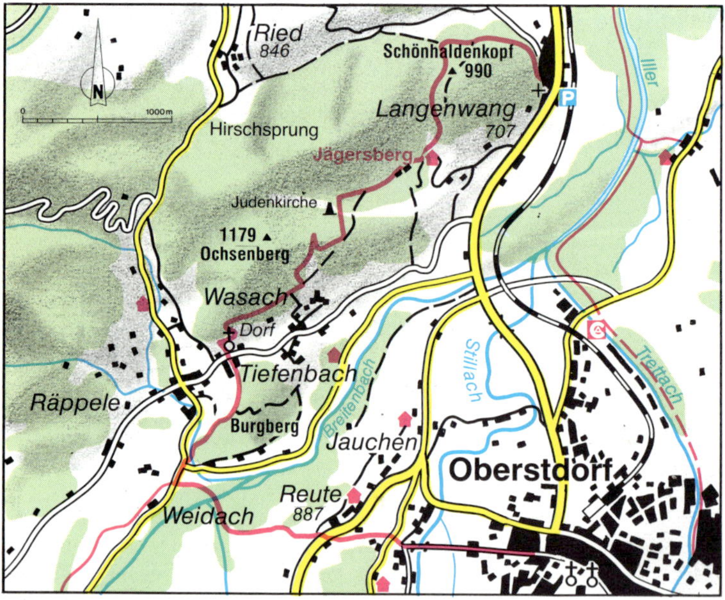

Talort: Oberstdorf, 813 m, berühmter Ferienort im großen Talkessel der Iller, zentrale Lage im Herzen des Allgäus.
Ausgangspunkt: Langenwang, 771 m, Dorf an der B 19 gut 2 km nördlich von Oberstdorf.
Parkmöglichkeiten: Beim einstigen Bahnhof.
Gehzeiten: Bis Tiefenbach / Weidach 1¾ Std., weiter nach Oberstdorf 50 Min.
Anforderungen: Im Bereich von Judenkirche und Burgberg nur kleine Bergwege.
Höchster Punkt: Judenkirche, 1060 m.
Einkehrmöglichkeiten: Ghs. in Jägersberg, Tiefenbach, Reute.
Sehenswertes: Judenkirche, mächtiger, natürlicher Felsbogen im steilen Wald.

Wegen seiner Talnähe läßt sich dieser Ausflug schon recht früh im Jahr und noch spät im Herbst unternehmen. Jeder wird erstaunt sein über die so unterschiedlichen Eindrücke bei dieser scheinbar uninteressanten Wande-

Blick von Wasach/Tiefenbach über das Illertal auf den Entschenkopf.

rung. Da gibt es stillen Hochwald, den faszinierenden Blick vom Weiler Jägersberg auf das in der Tiefe liegende Oberstdorf und die großen Berge dahinter, die Judenkirche, ein mächtiges, natürliches Felstor, senkrechte, völlig glatte Wände direkt über dem Weg, weite Bauern- und Blumenwiesen...

Wanderung. In Langenwang auf dem Kipfelerweg zum nahen Bergfuß und kurz nach rechts zur Abzweigung der Wanderwege. Auf dem „Waldweg" in einem Bogen um den Schönhaldenkopf zum herrlich gelegenen Ghs. Jägersberg. Über Wiesen und durch Wald schräg aufwärts, bei der Verzweigung rechts und hinauf zur Judenkirche. Durch den Felsbogen, dann wieder rasch abwärts und schließlich fast eben unter senkrechten Felsen zur Kirche von Tiefenbach, 887 m. Auf der Straße ein paar Meter nach rechts, dann links und vor dem ersten Hof wieder links. Unter den Felsen des Burgbergs hindurch und hinab nach Weidach. Kurz Richtung Klamm, dann links über die Breitach und hinauf nach Reute. Auf einem Fahr-, dann auf einem Fußweg abwärts zur Stillach und hinein nach Oberstdorf. Mit dem Bus zurück nach Langenwang.

37 Besler, 1679 m

Trutzburg und Felskastell

Herzenbergl — Obere Gundalpe — Ostgrat — Besler

Talort: Obermaiselstein, 859 m, Ferienort auf den weiten, sonnigen Terrassen westlich 100 m über der Iller.
Ausgangspunkt: Auf der Riedbergstraße gut 3 km bergauf, bis links der Fahrweg zum nahen Herzenbergl und rechts der Anstieg zur Wannenkopfhütte abzweigen, 1200 m.
Parkmöglichkeit: Kleiner Parkplatz bei den Abzweigungen.
Gehzeit: Straße — Gipfel 1½ Std.
Anforderungen: Bergwege, sehr steiler Gipfelaufbau, evtl. kurze Kletterei in gut gesicherter Felsrinne.
Höchster Punkt: Besler, 1679 m.
Einkehrmöglichkeit: Keine.
Sehenswertes: Senkrechte Felswändchen.

Wußten Sie, daß der Riedbergpaß mit seinen 1440 m der höchste richtige Straßenpaß in Deutschland ist? Die Fahrt über diese Höhe bliebe ohne landschaftlichen Reiz, gäbe es nicht unseren Gipfel, den Besler. Mit seinen Felsköpfen und den senkrechten Wandabbrüchen ist er eine richtige Trutzburg, die ganz uneinnehmbar aussieht. Ja, von Osten, also von der Aufstiegsseite, wirkt er noch abweisender. Dennoch führen drei Steige auf den Gipfel, einer sogar in einer Rinne mitten durch das Felswändchen. Wer geschickt und schwindelfrei ist, kann mit Hilfe der Drahtseile dort hinaufklettern. Die anderen umgehen diese Felsen lieber im Norden.

Zum Besler: Von der Straße hinab zum Bach. Über die Brücke, dann links und zum Waldrand. Im dichten Hochwald ein gutes Stück empor, bis man

Der Besler mit seiner nordseitigen Gipfelmauer.

knapp unter dem Kamm auf den großen, direkt von Obermaiselstein heraufkommenden Weg trifft. Wieder im Wald nördlich um den Geißwiedenkopf und in den kleinen Sattel westlich davon. Nun südlich des Kammes in freiem Gelände Querung zur Oberen Gundalpe. Über Gras- und Lawinenhänge zum Grat empor. Auf dem guten Steig über die ganz schmale Schneide auf den Gipfel zu, der als wilder Felskeil aufragt. Nun entweder rechts der Kante durch eine deutliche Rinne mit Hilfe der Drahtseile direkt zu dem erstaunlich weiten, von einzelnen Fichten bestandenen Gipfelplateau oder nördlich an den Felsen entlang und durch eine einfachere Rinne zu ihm hinauf.

38 Riedbergerhorn, 1787 m

Der große, aussichtsreiche Grasberg

Grasgehren — Ostrücken — Riedbergerhorn; oder Riedbergpaß — Bolgen — Ostrücken — Riedbergerhorn — Südrücken — Grasgehren

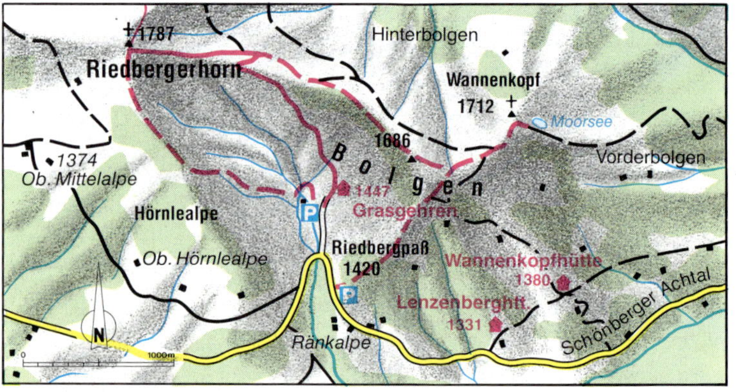

Talort: Obermaiselstein, 859 m, Ferienort auf den weiten Wiesen der westlichen Illerterrasse, 3 km von Fischen.
Ausgangspunkt: Grasgehren (Grasgern), 1447 m, bzw. Riedbergpaß, 1420 m. Gute, aber kurvenreiche und bis zu 16 % steile Bergstraße von Obermaiselstein, 6 km.
Parkmöglichkeit: Parkplätze in der Grasgehren und auf dem Paß.

Gehzeiten: Direkter Anstieg knapp 1 Std., Rundweg über den Wannenkopf insgesamt 2½ Std.
Anforderungen: Bergwege ohne Probleme, jedoch teilweise nur recht spärliche Markierungen, bei Nässe glitschig.
Höchste Punkte: Riedbergerhorn, 1787 m, Wannenkopf, 1712 m.
Einkehrmöglichkeit: Ghs. in der Grasgehren.

In dem Gebiet zwischen Gunzesried und Balderschwang liegt ein weites Bergland von auffallend runden Formen, die durch das relativ weiche Gestein Flysch entstanden. Das Riedbergerhorn ist der Hauptgipfel im Revier, der einen ganz großartigen Rundblick auf fast alle wichtigen Allgäuberge bietet. Der Wanderer kann zwischen zwei Möglichkeiten wählen, einem ausgesprochen beliebten und ganz kurzen Weg und einer Umrundung des gesamten Hochtals von Grasgehren auf viel stilleren Pfaden und über blumenreiche Matten.

Der direkte Anstieg: Auf dem breiten, beim Grasgehren-Gasthaus beginnenden Weg erst nach Norden, dann etwas mehr links über Matten und zwischen Bäumen auf den breiten Ostrücken des Berges. Über ihn bequem auf den höchsten Punkt, eine erstaunlich weite Fläche.

Die Grasgehren-Rundtour: Beim Parkplatz auf dem Riedbergpaß Beginn des kleinen Steigs. Auf ihm über den Wiesenrücken immer gerade empor auf den Bolgen, 1686 m, neben der Liftstation. Abstecher auf den Wannenkopf. Dann stets auf dem nach Norden freien Bergrücken über eine deutliche Scharte nach Westen zum Gipfel des Riedbergerhorns. Von ihm nach Süden hinab, dann an dem teilweise etwas schmäleren Grat entlang bis vor die Station des Liftes Grasgehren 3. Jetzt links über die Blumenwiesen abwärts und zum Parkplatz ins Grasgehren. Auf der Straße rasch zurück zum Riedbergpaß.

Der Verbindungsgrat vom Riedbergerhorn zum Wannenkopf.

39 Bleicherhorn, 1669 m

Die sanften, grünen Berge über dem Gunzesrieder Tal

Höllritzeralpe — Höllritzereck — Bleicherhorn; evtl. Obere Wilhelmine-alpe — Siplingerkopf

Talort: Gunzesried, 889 m, weit verstreutes Ferien- und Bauerndorf im gleichnamigen Tal. Gute Zufahrtsstraße.
Ausgangspunkt: Von Gunzesried zur Säge und von dort 6 km auf kleiner Mautstraße (Stubenbachweg; Fahrschein-Münzautomat) bis zur Höllritzeralpe, 1445 m.
Parkmöglichkeit: Beschränkte Möglichkeit bei der Alp (Vorsicht: Weidegebiet).
Gehzeiten: Bleicherhorn-Überschreitung insgesamt 1¾ Std.; zum Siplingerkopf zusätzlich 1 Std. Aufstieg.
Anforderungen: Am Bleicherhorn problemlose Wege, am Siplingerkopf Trittsicherheit notwendig, bei Nässe unangenehm.
Höchste Punkte: Höllritzereck und Bleicherhorn je 1669 m; evtl. Siplingerkopf, 1745 m.
Einkehrmöglichkeit: Brotzeit in der Höllritzeralpe
Sehenswertes: Bizarre Nagelfluhtürmchen am Siplinger.

Das stark verwitternde Gestein Flysch sorgt für die sanften Formen, für das üppige Grün und die so scharf eingeschnittenen Bachläufe. Eine Mautstraße führt bis in eine Höhe von 1445 m. So verkürzen sich die Gipfelanstiege

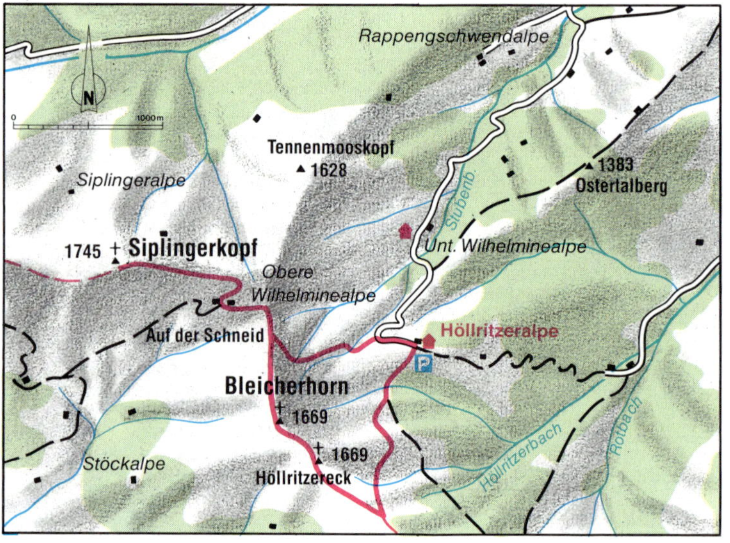

Die typischen Nagelfluhfelsen in der Südflanke des Siplingerkopfes.

zu gemütlichen Alpwanderungen. Doch wen der Bergsteigerehrgeiz drückt, der kann seine Fähigkeiten am Nagelfluhberg Siplingerkopf — mit sehr schönen Blumen! — testen.

Bleicherhorn-Überschreitung: Von der Höllritzeralpe nur wenig steigend auf einem Fahr-, dann auf einem Fußweg nach Süden zum Kamm und rechts umbiegend über den Grat auf das Höllritzereck, 1669 m. Auf Gras über eine flache Scharte hinüber zum Bleicherhorn. Über den Nordwestgrat hinab bis kurz vor den tiefsten Sattel, dann rechts über die Weideböden zurück zur Höllritzeralpe.

Aufstieg zum Siplingerkopf: Wie oben in den tiefsten Sattel, 1489 m, und auf breitem Weg hinüber zur nahen Wilhelminealpe. Von dort zum Kamm hinauf und erst links neben dem Grat, dann in schmalen Gassen sehr steil empor — rechts interessante Felszacken. Schließlich im wieder sanften Gelände über einen Vorgipfel und eine scharfe Lücke zum Kreuz.

40 Heidenkopf, 1685 m

Die Zackenwelt über dem bayerischen Sibirien

Balderschwang — Socheralpe — Balderschwanger Alpe — Heidenkopf; evtl. Weiterweg zum Siplingerkopf — Obere Wilhelminealpe

Talort: Balderschwang, 1044 m, Feriendorf in wiesenreichem Hochtal. Zufahrt auf steiler Straße aus dem Oberallgäu über den Riedbergpaß, 1420 m.
Ausgangspunkt: 400 m östlich der Kirche bei der Abzweigung der Alpstraße.
Parkmöglichkeit: Am Straßenrand.
Gehzeiten: Balderschwang — Heidenkopf 1½ Std., Gratübergang zum Siplingerkopf 40 Min.

Anforderungen: Bis zur Balderschwanger Alpe Straße, dann ganz kleiner Pfad; Gratübergang nur für Erfahrene, teilweise Steilgelände.
Höchste Punkte: Heidenkopf, 1685 m; Siplingerkopf, 1745 m.
Einkehrmöglichkeiten: Nur in Balderschwang.
Sehenswertes: Bizarre Felstürmchen aus Nagelfluh am Grat.

Das Dörfchen Balderschwang gehört zwar zu Bayern, doch erfolgt die direkte Zufahrt aus Vorarlberg; aus dem Oberallgäu kann man es nur über den 1420 m hohen Riedbergpaß erreichen. Die reichen Niederschläge und die föhngeschützte Lage sorgen im Winter für einen ungewöhnlichen Schneereichtum, so entstand der Vergleich mit Sibirien. Die interessanteste Tour aus diesem abgelegenen Tal führt auf den Heidenkopf, und richtig spannend wäre ein Übergang zu dem von bizarren Felsen geschmückten Siplingerkopf.

Auf den Heidenkopf: Auf dem Teersträßchen an der Oberen Socheralpe vorbei zur Verzweigung. Links zur Unteren Balderschwanger Alpe und weiter bis in die Mulde südlich des Heidenkopfes. Dem undeutlichen Steig fol-

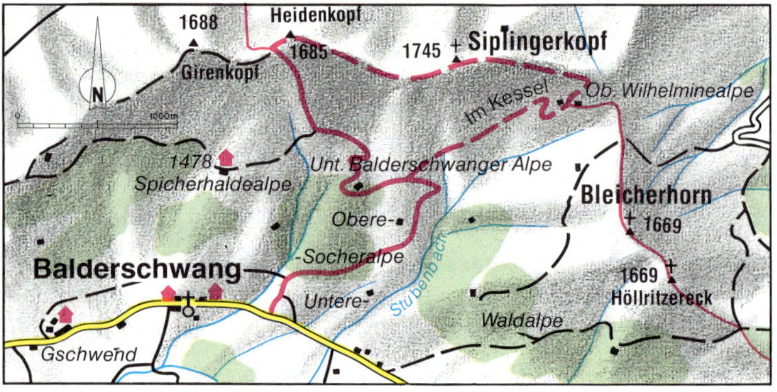

Heidenkopf-Südflanke über der Balderschwanger Alpe.

gend über die kleine Rippe in der Muldenmitte und bei einem roten Felsen auf den Grat. Nach rechts auf den Gipfel.

Über den Siplingerkopf: In sehr interessantem, von kleinen Felsen gegliedertem Gelände auf dem Steig längs des Grates vom Heiden- auf den Siplingerkopf. Erst links des Grates, dann in der sehr steilen, ausgesetzten Grasflanke zu einer Schulter und hinab zur Oberen Wilhelminealpe. Auf einem Schottersträßchen zurück zur Socheralpe und hinunter nach Balderschwang.

41 Steineberg oder Bärenkopf

Zwei ungleiche Ziele in der Nagelfluhkette

Gunzesried — Dürrehornalpe — Krumbachalpe — Bärenkopf oder Steineberg — Grathöfle — Winkelwiesen — Gunzesried

Talort: Gunzesried, 889 m, weit verstreutes Ferien- und Bauerndorf im gleichnamigen Tal, das bei Blaichach ins Illertal mündet. Gute Zufahrtsstraße ab Bihlerdorf.
Ausgangspunkt: Start in der Ortsmitte.
Parkmöglichkeiten: Im Bereich der Gunzesrieder Kirche.

Gehzeiten: Gunzesried — Bärenkopf 1½ Std., zum Steineberg 2¼ Std.
Anforderungen: Zum Bärenkopf einfach, am Steineberg steileres Gelände.
Höchste Punkte: Steineberg, 1683 m; Bärenkopf, 1463 m.
Einkehrmöglichkeiten: Nur in Gunzesried.

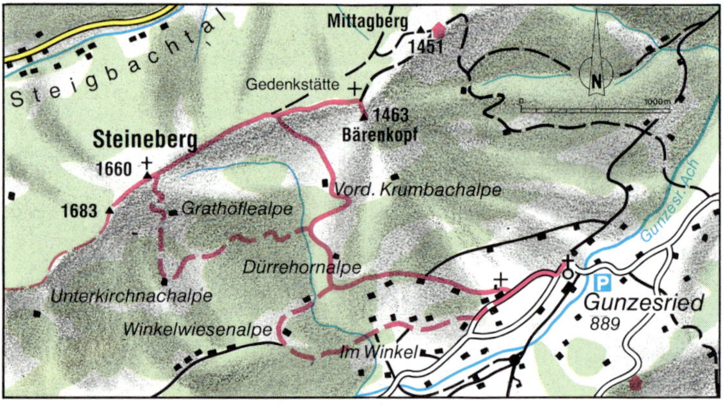

1683 m sind für einen Allgäugipfel eher eine bescheidene Höhe. Und doch trifft der Wanderer am Steineberg auf eine ausgesprochen interessante Landschaft. Dafür sorgt das Gestein Nagelfluh, das aus Kieseln und Schlamm zusammengebacken ist. Es bildet besonders malerische Formen aus, schafft lange Felsstreifen, quer durch die Hänge laufende Rippen, kleine Zacken und Türme, die durch winzige Böden oder durch Steilgras getrennt sind. Wer die steile Gipfelpartie des Steinebergs scheut, gibt sich mit dem harmlosen Bärenkopf zufrieden.

Aufstieg zum Bärenkopf: Von der Kirche auf dem Sträßchen zum obersten Hof. Direkt hinter dem Gebäude beginnt ein alter, aber deutlicher Weg. Schräg nach links über kleine Stufen und Böden abwechslungsreich zu den freien Weideflächen der Dürrehornalpe. Rasch aufwärts an der Krumbachalpe vorbei zum Wegkreuz am Grat. Hier nach rechts und in einem Bogen auf den nahen Gipfel des unbedeutenden Bärenkopfs.

Aufstieg zum Steineberg: Vom Wegkreuz links über den Grat zu den Felsen. Nördlich unter der senkrechten Wandfluh entlang, dann zum Grat und Gipfel hinauf.

Beim Abstieg kann man vom Ostgipfel (mit Kreuz) auch über das Grathöfle und die Unterkirchealpe zur Dürrehornalpe absteigen. Eine weitere Variante wäre die Route von der Dürrehornalpe über die Winkelwiesen zurück nach Gunzesried.

Steineberg-Ostgipfel (die „Flecken“ im Himmel sind Alpensegler).

42 Stuiben, 1749 m

Nagelfluhberg mit einfachem und mit anspruchsvollem Weg

Gunzesrieder Säge — Vorsäß I — Ornachalpe — Rothenalpe — Stuiben; oder Wiesach — Sommerhausalpe — Ostgrat — Stuiben

Talort: Gunzesried, 889 m, weit verstreutes Ferien- und Bauerndorf im gleichnamigen Tal. Gute Zufahrtsstraße von Bihlerdorf.
Ausgangspunkt: Von Gunzesried auf der Talstraße zur Gunzesrieder Säge, 930 m.
Parkmöglichkeit: Ein Parkplatz unmittelbar vor der Brücke über den Ostertalbach.

Gehzeiten: Säge — Stuiben 2½ Std. Aufstieg.
Anforderungen: Bei der Rothenalp-Route Bergwege ohne Schwierigkeiten; am Ostgrat Trittsicherheit notwendig.
Höchster Punkt: Stuiben, 1749 m.
Einkehrmöglichkeit: Ghs. bei der Gunzesrieder Säge.
Sehenswertes: Grat mit malerischen Felsgebilden.

Der Stuiben in der Nagelfluhkette zwischen dem Alpsee und dem Gunzesrieder Tal gehörte schon immer zu den Lieblingstouren der Allgäuer Bergwanderer. Dabei ist die Route von Süden wesentlich abwechslungsreicher und spritziger als jene von Immenstadt durchs Steigbachtal, die die Forststraßen unattraktiv machen. Dann gibt es für die Trittsicheren noch den Ostgratsteig in besonders reizvoller Nagelfluhlandschaft aus Zacken und kleinen, oft aber senkrechten Felsfluhen.

Üblicher Anstieg (Rothenalpe): Zu Fuß oder mit dem Auto (Maut) auf der Straße gut 1 km nach Westen bis Vorsäß I (Straßenverzweigung). Nach Norden über den Aubach, kurz nach rechts, dann immer schräg links durch

Wald weit empor zur Ornachalpe auf schönem Wiesenboden. Über eine weitere Waldstufe zur Rothenalpe in einer kleinen, von Steilhängen überragten Mulde. In vielen Kehren über das Grasgelände — bei Nässe schmierig — recht steil zum Grat und nach rechts auf den Gipfel.

Über den Ostgrat: Vom Parkplatz über die Brücke des Ostertalbachs, dann gleich rechts über den Aubach und nach Vorderschönebuch. Zum obersten Haus und in der gleichen Richtung weiter über eine Waldstufe zum unerwartet weiten Boden von Wiesach. Gleich gegenüber auf dem Fußweg weiter, schräg nach links zum Wald und über eine weitere Stufe zur Sommerhausalpe. Kurz nach links, dann in freiem, interessantem Gelände, schließlich durch eine Gasse steil in eine Gratlücke. Drüben ganz kurz hinab, dann teilweise neben, teilweise auf dem Felsgrat (Drahtseile) auf den Gipfel.

Die abwechslungsreiche Südseite des Stuiben. Hier der Stuiben-Ostgrat, über den der Aufstieg führt.

43 Rindalpenhorn, 1822 m

Grasberg in der Nagelfluhkette

Scheidewang — Gelchenwang — Brunnenauscharte — Rindalphorn; evtl. Übergang zum Hochgrat

Talort: Gunzesried, 889 m, weitverstreutes Ferien- und Bauerndorf im gleichnamigen Tal, das bei Blaichach ins Illertal mündet. Gute Zufahrtsstraße ab Bihlerdorf.
Ausgangspunkt: Von der Gunzesrieder Säge Mautstraße (Fahrschein-Automat) durch das Tal bis zum abschließenden Sattel der Scheidewang, 1316 m.
Parkmöglichkeit: Kleiner Parkplatz auf der Scheidewang.
Gehzeiten: Scheidewang — Rindalpenhorn 1½ Std., Übergang zum Hochgrat ¾ Std.
Anforderungen: Ordentliche Bergwege.
Höchste Punkte: Rindalpenhorn, 1822 m; evtl. Hochgrat, 1834 m.
Einkehrmöglichkeit: Keine.
Sehenswertes: Malerisches Bachtal mit Nagelfluhfelsen.

Der zweithöchste Gipfel in der Nagelfluhkette fällt durch seine makellosen Grashänge auf der Südseite und die zahllosen parallelen Felsstreifen in der Nordflanke auf. Die stark gebankten Konglomeratfelsen schaffen die mar-

Der Gipfelgrat des Rindalpenhorns von Westen gesehen.

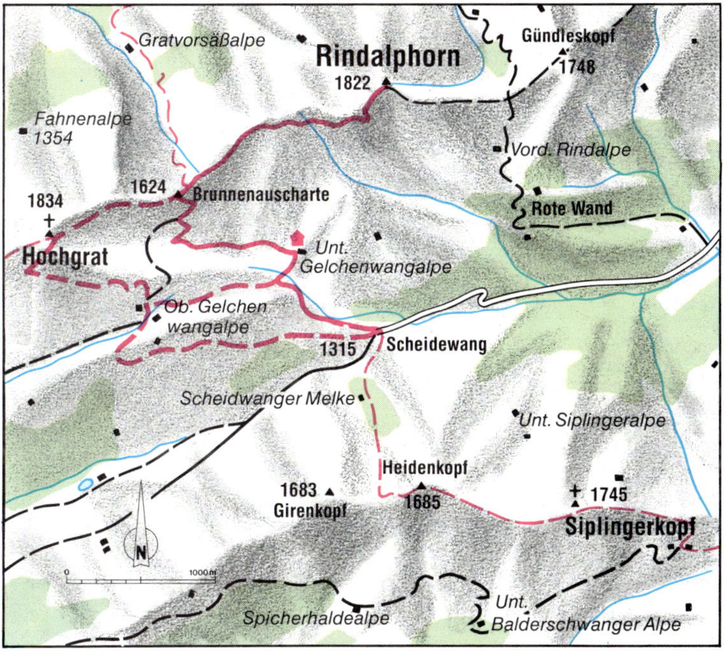

kante Schichtung. Im Allgäu wird dieses Gestein wegen der runden Kiesel Nagelfluh genannt. Es sorgt auch für das malerische Bachtälchen mit seinen kleinen Wasserfällen und den ausgewaschenen Gufeln im ersten Teil der Wanderung.

Auf das Rindalpenhorn: Auf dem breiten Weg um einen Rücken und hinein zum Bach. Links neben diesem über kleine Stufen empor zu den sehr schönen Böden der Gelchenwang. Immer wieder über kleine Felsriegel, dann schräg nach links zur Hütte des Gütle und weiter in die tief eingeschnittene Brunnenauscharte. Über einen schönen Grasrücken zu einem Vorgipfel und hinüber zum Kreuz, wobei nur die letzten Meter etwas steiler sind.

Der Hochgrat: Zurück in die Brunnenauscharte und über den Kamm auf den Hochgrat, 1834 m, auf dessen Westschulter eine Bergbahn führt. Als Rückweg kann man den Steig über den Südostgrat zur Oberen Gelchenwangalpe und rund um den Leiterberg zurück zur Scheidewang benützen.

44 Zwischen Hochgrat und Falken

Viele Tourenmöglichkeiten bei Steibis

Staufner Haus — Seelekopf — Hohenfluhalpkopf — Eineguntkopf — Gasthäuser Falken und Stiegalpe — Weißachtal

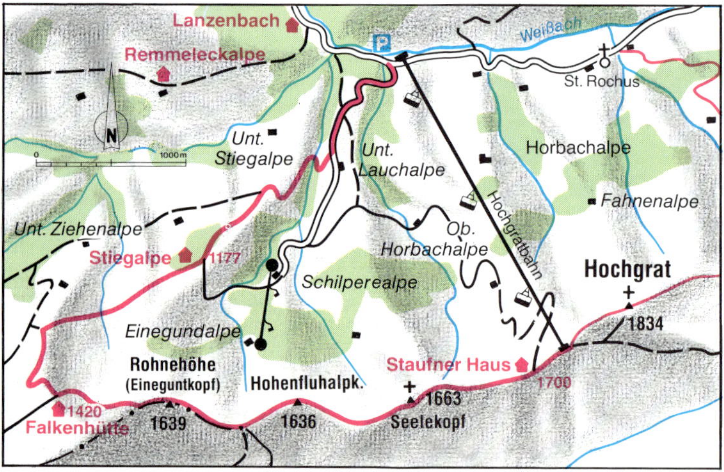

Talort: Steibis, 861 m, Ortsteil des bekannten Schrothkurorts Oberstaufen im westlichen Allgäu. Schöne Lage auf Wiesenböden 200 m über der Weißach.
Ausgangspunkt: Talstation der Hochgratbahn im Tal der Weißach gut 3 km südlich von Steibis.
Parkmöglichkeit: Großer Parkplatz an der Talstation.
Gehzeiten: Grattour bis zum Ghs. Falken 1¼ Std., dorthin von der Talstation auf Alpwegen 1¾ Std.
Anforderungen: Kleine Bergpfade bei der Grattour, breite Wege bei der Alpwanderung.
Höchste Punkte: Seelekopf, 1663 m, Hohenfluhalpkopf, 1636 m, Eineguntkopf, 1639 m.
Einkehrmöglichkeiten: Berggasthäuser Falken, 1420 m, und Stiegalpe, 1177 m.

Westlich des alles überragenden Hochgrates setzt sich die Nagelfluhkette gleichsam ein Stockwerk tiefer noch ein gutes Stück fort. Bis zum Hohen Häderich wirft sie nochmals fünf Gipfel auf, von denen wir die ersten drei auf einem kleinen, aber problemlosen Steig überqueren wollen. Dank der Hochgratbahn ist das eine mühelose Sache, bei der man mit sehr schönen Ausblicken verwöhnt wird. Wer jedoch gemütliche Alpwanderungen bevorzugt, der wählt unsere Alternative aus dem Tal.

Drei-Gipfel-Tour: Mit der Bahn zur Bergstation und am Staufner Haus vorbei hinab in den nahen Sattel. Dann immer auf dem teilweise freien, teilweise von mächtigen Fichten bestandenen Grat über die drei Gipfel und hinab zum schon sichtbaren Ghs. Falken.

Rückweg zur Talstation wie unsere folgende Alpwanderung (in umgekehrter Richtung).

Alpwanderung: Vom Parkplatz auf der Straße 150 m zurück, dann auf dem Alpsträßchen zu den freien Hängen. Bei der Verzweigung kurz vor der Unteren Lauchalpe rechts über den Bach und auf Weideböden hinauf zum Ghs. Stiegalpe. Diagonal über die teilweise ziemlich feuchten Hänge — schöne Flora! — nach Westen, dann kräftig steigend um einen Rücken zum Ghs. Falken.

Der Lanzenbach am Fuß des Hochgrates bei Steibis.

45 Denneberg, 1427 m

Der Prodelkamm

Lanzenbach — Prodelwald — Prodelalpe — Denneberg — Prodelalpe — Hochgratbahn (Talstation) — Lanzenbach

Talort: Steibis, 861 m, Ortsteil des bekannten Schrothkurortes Oberstaufen im westlichen Allgäu. Schöne Lage auf Wiesenböden 200 m über der Weißach.
Ausgangspunkt: Von Steibis 3 km talein zur Abzweigung einer kleineren Straße nach links unten (kurz vor der Lanzenbachsäge), 820 m.
Parkmöglichkeit: Kleiner Parkplatz an der erwähnten Abzweigung.
Gehzeit: 2 Std. Aufstieg.
Anforderungen: Ordentliche, aber kleine und nicht markierte Wanderwege.
Höchster Punkt: Denneberg, 1427 m.
Einkehrmöglichkeit: Ghs. am Wegbeginn.

Der Nagelfluhkette mit dem Hochgrat und dem Stuiben ist im Norden ein Parallelkamm vorgelagert, der Prodel. Seine sehr steile Nordseite ist von Wald überzogen und mit ein paar mächtigen Wandstreifen aus Nagelfluh durchsetzt. Von Süden hingegen ziehen die oft ebenfalls steilen Weideflächen an vielen Stellen bis zum Grat empor. Das ergibt die schönsten Ausblicke, außerdem bietet der Südwestkamm mit seinen großen Buchen und

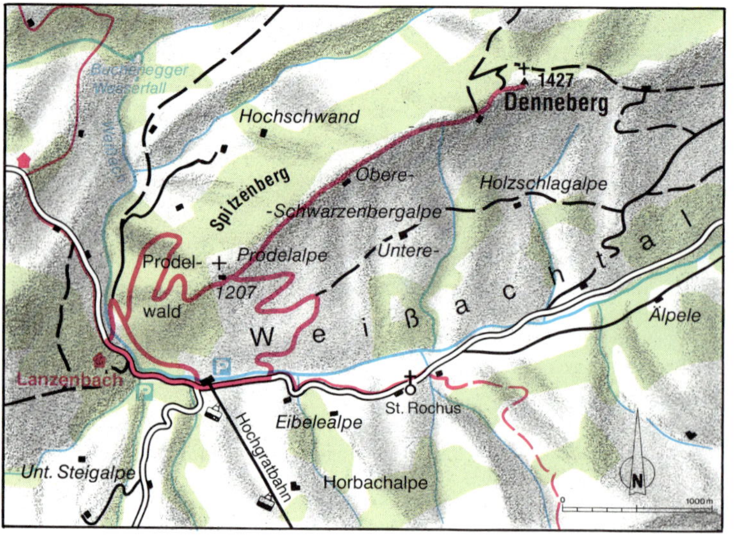

Tiefblick von der Prodelalpe ins Tal bei Lanzenbach.

der besonders reichen Flora schon fast eine Parklandschaft. Gute Geher können die Gratwanderung bis zum Himmeleck, 1487 m, fortsetzen. Doch dann wird der Rückweg ziemlich umständlich.

Aufstieg: Vom Parkplatz auf dem Sträßchen zur Weißach, nach der Brücke rechts, bis nach einigen Min. nach oben der Fußweg abzweigt. Teilweise im Hochwald, teilweise über verkrautete Lichtungen mit Blick auf Oberstaufen gleichmäßig aufwärts. Schließlich über eine Weide zum Kamm unmittelbar über der Prodelalpe, 1207 m. Jetzt anfangs genau auf dem Rücken, dann meist in dessen Südflanke über schöne, freie Flächen und Zwischenköpfe zum weit zurückliegenden Denneberg mit auffallend rundem Gipfel.

Abstieg: Wieder über den Kamm zurück zur Prodelalpe. Nun nach Süden auf dem Jeep-Sträßchen am Haus vorbei und schräg links hinab zum Wald. In ein paar langgezogenen Schleifen ins Tal und auf dem Fahrweg zur Talstation der Hochgratbahn. Nun entweder rechts der Weißach auf Waldwegen oder links auf der Straße — kürzer — zurück zum Auto.

46 Immenstädter Horn, 1489 m

Bewaldeter Aussichtsberg über Immenstadt und den Alpseen

Immenstadt — Kanzel — Immenstädter Horn — Kesselalpe — Rieder — Hornweg — Immenstadt

Talort: Immenstadt, 728 m, lebhaftes Städtchen am Fuß der waldreichen Berge.
Ausgangspunkt: Knapp östlich des Bahnhofs über die Gleise und zum nahen Kirchlein St. Georg an der Ausmündung des Steigbachtales.
Parkmöglichkeiten: Parkplatz bei der Kirche (nur am Wochenende), Parkgelegenheiten am Straßenrand.
Gehzeit: Immenstadt — Horn 2 Std.
Anforderungen: Bergwege, bei Nässe teilweise sumpfig.
Höchster Punkt: Immenstädter Horn, 1489 m.
Einkehrmöglichkeit: Nur im Tal.
Sehenswertes: Oberallgäuer Heimatmuseum in Immenstadt.

Mit einer breiten, aber äußerst steilen und von einigen Felsstreifen durchsetzten Flanke fällt das Immenstädter Horn — die Einheimischen sagen nur „Horn" — zu dem eng zusammengedrängten Städtchen und den beiden Alpseen ab. Für einen Gipfel mit so dickem Waldmantel bietet die Aufstiegsroute erstaunlich viele Ausblicke. Am Nordrand der weiten Gipfelfläche steht ein Kreuz, hinter dem das Gelände rasch abfällt. Auch nach We-

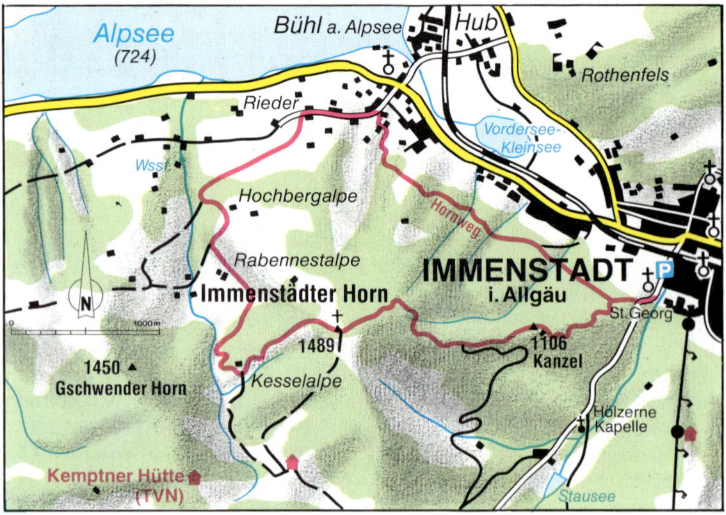

Das Immenstädter Horn von Norden.

sten ist dort oben die Sicht frei; man schaut auf den Säntis und die nahe Nagelfluhkette. Die auf den Karten eingetragene Ingolstädter Hütte entpuppt sich als unversperrter Unterstand.

Aufstieg über die Kanzel: Ganz kurz auf dem Sträßchen, dann rechts auf gutem Steig durch Hochwald mit sehr malerischen Nagelfluhfelsen und einigem Buschwerk zur Kanzel mit Tiefblick auf Immenstadt. Über eine kurze Geländestufe, dann ein Stück auf einer Forststraße, schließlich wieder auf einem Fußweg im nun flacheren Hochwald zur weiten, freien Gipfelfläche.

Abstieg über die Kesselalpe: Auf der gegenüberliegenden Seite längs eines Geländerückens rasch hinab zur Kesselalpe. Nach einer steilen Waldstufe meist über Alpweiden nach Rieder oberhalb von Bühl. 500 m auf der Straße abwärts, dann rechts abbiegend auf den Hornweg. Ein Stück wieder empor, dann hoch über den Häusern quer durch steilen Wald zurück zum Ausgangspunkt.

47 Salmaser Höhe, 1254 m

Hoch über dem Alpsee

Wiedemannsdorf — Wannerlesalpe — Michelesalpe — Salmaser Höhe — Schneidersalpe — Schneidberg — Wiedemannsdorf

Alpsee und Salmaser Höhe.

Talort: Thalkirchdorf, 741 m, weit verstreute Gemeinde im sonnigen Konstanzer Tal zwischen Alpsee und Oberstaufen.
Ausgangspunkt: Ortsmitte von Wiedemannsdorf, 750 m, gleich nördlich der B 308.
Parkmöglichkeit: Kleiner Parkplatz am Anfang des Burgangerwegs.
Gehzeit: 1½ Std. Aufstieg.
Anforderungen: Wanderung ohne Probleme über Fahr- und Fußwege.
Höchster Punkt: Salmaser Höhe, 1254 m.
Einkehrmöglichkeiten: Ghs. in Wiedemannsdorf.

Das gesamte Bergmassiv zwischen Thalkirchdorf und Missen ist von Wiesen und Alpweiden überzogen, und so bietet sich manch sonnige Wanderung mit schönen Ausblicken an, von denen wir eine zum höchsten Gipfel herausgreifen wollen. Die Blütezeit im Frühsommer und der Herbst eignen sich besonders für dieses Gebiet. Von der Salmaser Höhe kann man über die Thaler Höhe, 1166 m, weiterwandern bis Zaumberg, sich bei einem Bad im Alpsee erfrischen und schließlich mit der Bahn nach Thalkirchdorf zurückkehren.

Aufstieg über die Michelesalpe: Vom Parkplatz auf dem Burgangerweg kurz aufwärts, bis rechts der Weg zur Salmaser Höhe abzweigt. Über die meist freien Bauernwiesen in einer weiten Doppelschleife zur Wannerlesalpe. Jetzt nach rechts in den scharfen Bacheinschnitt und ein gutes Stück im Wald empor. Anschließend über freie Weideflächen zur Michelesalpe mit sehr schönem Tiefblick. Nach Westen zu einem Graben, in der gleichen Richtung weiter schräg über den folgenden, steilen Hang und schließlich rechtsum auf den weiten Gipfel der Salmaser Höhe.

Abstieg über den Schneidberg: Von der Salmaser Höhe nach Osten über den Kamm zu einem zweiten Kopf, 1238 m, und noch kurz weiter bis auf eine Schulter. Jetzt durch die Südhänge zur Schneidersalpe. Auf dem Alpsträßchen nach links in einen Graben, dann über den Schneidberg schräg rechts abwärts und wieder zurück nach Wiedemannsdorf.

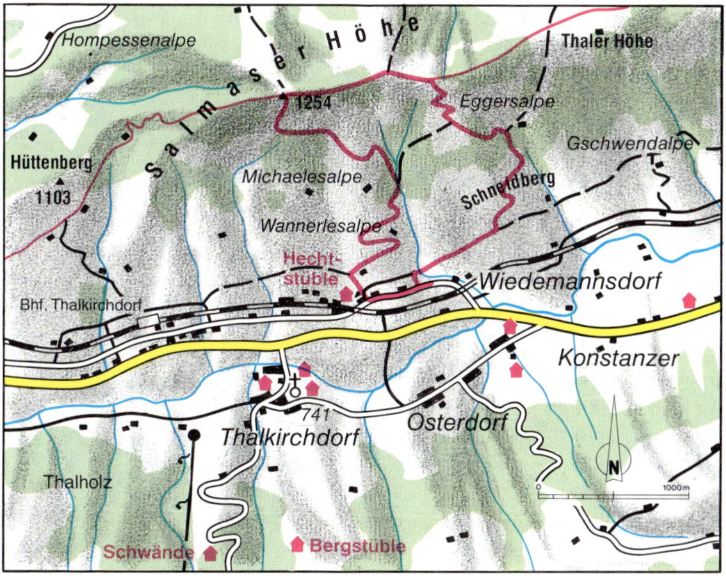

48 Kugel und Eistobel

Aussichtskuppe und Schluchtenlandschaft

Riedholz — Riedholzer Kugel — Hohenegg — Eissteg — Großer Wasserfall — Argenbrücke — Riedholz

Talort: Riedholz, 720 m, Dörfchen südlich von Isny, Campingplatz.
Ausgangspunkt: Von der alten Straße Richtung Maierhöfen zweigt kurz hinter dem Ortsende von Riedholz die Zufahrt zu den Illbergliften ab. An dieser Abzweigung Beginn der Wanderung.
Parkmöglichkeiten: Beschränkte Möglichkeiten am Straßenrand.
Gehzeiten: Auf die Riedholzer Kugel 1 Std., Abstieg in den Eistobel 40 Min., Rückweg 40 Min.
Anforderungen: Wanderwege, im Tobel bei Nässe schmierig.
Höchster Punkt: Riedholzer Kugel, 1066 m.
Einkehrmöglichkeit: Gasthäuser in Riedholz und in Hohenegg.
Sehenswertes: Eistobel, teilweise felsige Schlucht mit Wasserfällen und malerischem Blockwerk. Argenbrücke, Viadukt von 54 m Höhe und 204 m Länge.

Bereits 5 km südlich von Isny ragen die ersten Bergkuppen, die geographisch noch zu den Alpen gehören, über die 1000-m-Grenze auf. Ein besonderer Aussichtspunkt ist die Riedberger Kugel; zu ihrem Panorama gehören nicht nur Säntis und Nagelfluhkette, sondern auch das im Westen vorgelagerte Hügel- und Bauernland. Südlich der Kugel hat sich die Obere

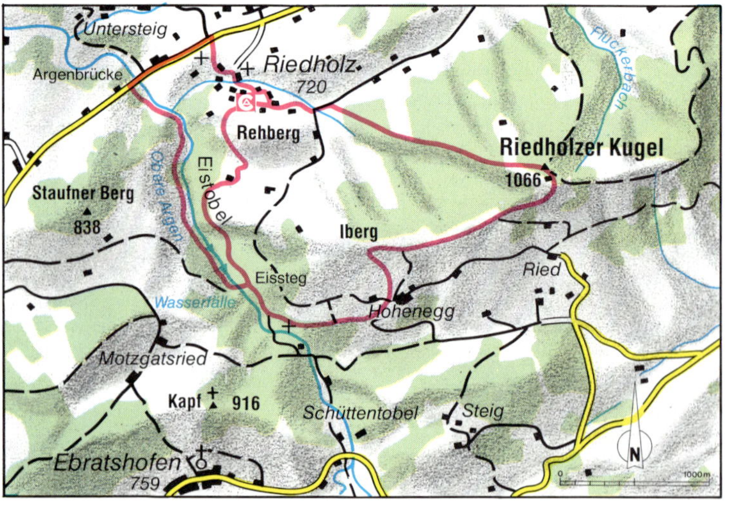

Die Schlucht der Unteren Argen kurz vor dem Eistobel.

Argen einen Weg durch die weichen Konglomerat- und Sandsteinfelsen gegraben. Da hier bei tiefen Temperaturen malerische Eisgebilde entstehen, trägt die Schlucht die Bezeichnung Eistobel.

Kugel-Eistobel-Rundtour: Direkt bei der Abzweigung durch ein Gatter und über die Weide zum Waldrand. Auf dem Weglein stets längs der Geländekante im Wald und über Lichtungen mit schönen Ausblicken auf die Riedholzer Kugel. Nun auf dem Südwestrücken wieder durch Wald und über Blößen, dann links abwärts zu den Häusern von Hohenegg. Hinab zum Waldrand, dann auf einem Fahrweg nach Westen, vor der Ruine scharf nach links und hinunter in den Eistobel. Über den Eissteg und anschließend in der Schlucht talaus. Malerisch die Zwing mit den mächtigen Blöcken aus Nagelfluh und die schrägen Felsflächen des Großen Wasserfalls. Weiter bis unter die gewaltige Argenbrücke und empor zum Parkplatz an ihrem Südende. Über die Brücke und auf der Straße nach Riedholz. Von dort zurück zum Auto.
Alternative ohne Straßenmarsch: Nach dem Großen Wasserfall zum Eissteg zurück, um auf einem Bauernsträßchen Riedholz zu erreichen (etwa gleiche Zeit).

49 Hauchenberg und Umgebung

Sonnige Hügellandschaft in den Voralpen

Missen — Klammweg — Hauchenberg — Diepolz — Knottenried — Aussichtspunkt — Kühberg — Missen

Bei Knottenried, hinten Nebelhorn und Daumen.

Talort: Missen, 860 m, Dorf im Argental zwischen Wald- und Wiesenhöhen.
Ausgangspunkt: In der Ortsmitte.
Parkmöglichkeiten: Viele Möglichkeiten in Missen.
Gehzeiten: Auf den Hauchenberg 1½ Std., gesamte Rundtour 3½ Std.
Anforderungen: Kleine und größere Wege, am Anfang ein langer Anstieg, teilweise nur mäßig bezeichnet.
Höchste Punkte: Hauchenberg, 1242 m; Aussichtspunkt, 1055 m.
Einkehrmöglichkeiten: Gasthäuser in Diepolz und Knottenried.

Gleichzeitig mit der Alpenfaltung setzte natürlich auch die Verwitterung und Abtragung ein. Teile des Gesteinsmaterials, Schlamm, Sand und Kies, wurden im Norden — auch im heutigen Raum zwischen Immenstadt, Kempten und Isny — in dicken Schichten als Molasse abgelagert. Später gab es auch hier eine Auffaltung, und so entstanden die langgestreckten Bergkämme, von denen der Hauchenberg der mächtigste ist. Es handelt sich bei diesen Höhen also nicht um Moränen, wie man immer wieder lesen und hören kann. Sie bieten viele Wald- und Wiesenwanderungen mit herrlich freien Ausblicken.

Auf den Hauchenberg: Auf der Hauptstraße Richtung Isny zu den letzten Häusern, dann rechts auf dem Klammweg durch keine Klamm, sondern durch ein ganz bescheidenes Bachtälchen zu den freien Wiesen. Nach links zur Geländekante. Wegverzweigung. Steil aufwärts durch Wald und über Lichtungen zum langgestreckten Gipfelrücken des Hauchenbergs und auf die ganze, freie Kuppe von 1242 m Höhe.

Rundweg: Von Punkt 1242 nach Osten in einen Sattel und wieder kurz empor. Jetzt rechts über meist freie Hänge nach Diepolz hinab. 500 m auf der Straße Richtung Knottenried. Weiter auf einem anfangs nassen Bauernweg an einem Hof vorbei nach Knottenried. Beim Kircherl scharf nach rechts auf einem Sträßchen in wenigen Min. zu einem Walddurchlaß. Jetzt immer auf den Wiesen links neben dem Rücken zum Aussichtskreuz. Kurz auf einer Forststraße durch Hochwald, dann wieder im freien Gelände auf dem Rücken zur Hinterhaselbachalpe und zum Kühberg. Auf dem breiten Weg in Kehren hinab nach Missen.

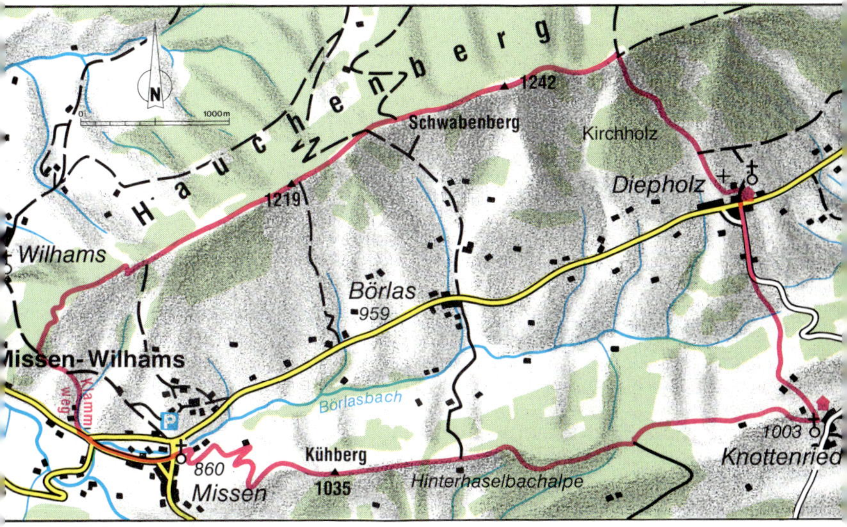

50 Stoffelberg und Niedersonthofner See

Aussichts- und Badetour

Niedersonthofen — Falltobel — Rieggis — Stoffelberg — Stoffels — Niedersonthofen

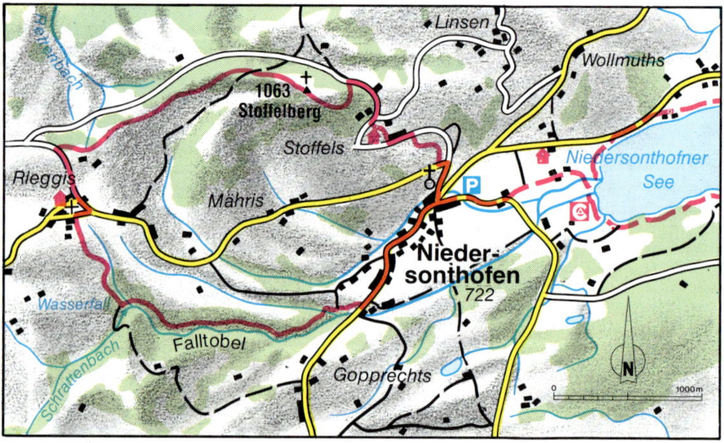

Talort: Niedersonthofen, 722 m, Dorf westlich des gleichnamigen Sees in einem Talwinkel.
Ausgangspunkt: In der Ortsmitte in der Nähe der Kirche.
Parkmöglichkeit: Parkplatz an der Straße von Kempten.
Gehzeiten: Niedersonthofen — Stoffelberg 1½ Std., Abstieg 40 Min., Rundweg um den See 2 Std.
Anforderungen: Problemlose Fußwege, teilweise feucht.
Höchster Punkt: Stoffelberg, 1063 m.
Einkehrmöglichkeiten: Gasthäuser in Rieggis, Niedersonthofen, Insel und schön gelegenes Ghs. in Stoffels.
Sehenswertes: Sumpf- und Blumenwiesen am Niedersonthofner See.

Dieser Ausflug bekommt seinen besonderen Reiz durch die beiden fast gegensätzlichen Abschnitte. Mit dem Höhenunterschied von 350 m wird der Ausflug zum Stoffelberg schon zu einer Bergwanderung. Einzigartig sind die Ausblicke bei Stoffels: Tief zu Füßen leuchtet die weite Wasserfläche des Niedersonthofner Sees, der von kleinen Dörfern und Weilern umgeben ist. Dahinter breitet sich die lange Kette der Allgäuer Alpen aus. Ganz eben verläuft dann der zweite Teil des Ausflugs, der in etwa den Ufern des Sees folgt. Dieser ist im Süden von Waldrücken, im Norden von teilweise nassen und blumenreichen Wiesen eingefaßt.

Über den Stoffelberg: Von der Kirche in Niedersonthofen den Schildern folgend durch den Ort in den hintersten Talwinkel mit Liftstation und häßlichem Gerümpelplatz. Weiter im waldigen Tal des Falltobels mit einem Wasserfall im oberen Teil. Kräftig steigend zu den freien Flächen oberhalb und an einem Hof vorbei nach Rieggis. Zwischen den Häusern zum Bergrücken und nach Osten über Kuppen teilweise im Wald auf den Stoffelberg. Hinab ins nahe Stoffels und ziemlich gerade über die meist freien Hänge zurück nach Niedersonthofen.

Um den Niedersonthofner See: Aus der Ortsmitte gut 1 km zur Badeanstalt am Westzipfel des Sees. Nun stets dem beschilderten Rundweg folgen. Am Südufer teilweise im Wald, sonst im Wiesengelände.

Tiefblick von Stoffels auf den Niedersonthofner See.

Stichwortverzeichnis

Die Zahlen hinter den Begriffen sind Seitenzahlen. Bezeichnungen wie Hohe, Niedere, Große, Kleine, Ghs. usw. sind nachgestellt.

Die 2 Berg-Erlebnis-Bahnen
im Kleinwalsertal . . .
Bequem und schnell auf
2000 m und dann
Wandern über Berggrate,
durch blühende Wiesen
und schattige Wälder oder von der Sonnenterrasse den
herrlichen Blick bis weit in die Österreichischen und Schweizerischen Berge genießen.
Gemütliche Berggaststätten
Kanzelwand- und
Walmendingerhorn-Bahn
Tel. 08329/5274-0
Kleinwalsertaler
Bergbahn AG